Gütersloher Taschenbücher / Siebenstern 1106

*Weitere Veröffentlichungen zum Thema eines neuen
Verhältnisses zur Sowjetunion:*

Brücken der Verständigung. Für ein neues Verhältnis zur Sowjetunion. Im Auftrag der Arbeitsgemeinschaften Solidarische Kirche Westfalen und Lippe herausgegeben von Elisabeth Raiser, Hartmut Lenhard und Burckhard Homeyer (GTB Siebenstern 579), 2. Aufl. 1988.

Versöhnung und Frieden mit den Völkern der Sowjetunion. Herausforderungen zur Umkehr. Eine Thesenreihe, herausgegeben von der Arbeitsgemeinschaft Solidarische Kirche Westfalen und Lippe in Verbindung mit dem Arbeitskreis Evangelische Erneuerung in Bayern, der Evangelischen Akademikerschaft in Deutschland, dem Fortsetzungsausschuß des Plädoyers für eine ökumenische Zukunft, der Gruppe Offene Kirche in Niedersachsen, der Kirchlichen Bruderschaft in Württemberg und der Solidarischen Kirche Rheinland, 1987.

Frieden mit der Sowjetunion – eine unerledigte Aufgabe. Herausgegeben von Dietrich Goldschmidt in Zusammenarbeit mit Sophinette Becker, Erhard Eppler, Wolfgang Huber, Horst Krautter, Hartmut Lenhard, Wolfgang Raupach, Klaus von Schubert und Wolfram Wette (GTB Siebenstern 582), 1989.

Hartmut Lenhard

UNTERWEGS NACH MINSK

Spuren suchen – Menschen begegnen – Brücken bauen

Mit Beiträgen von Klaus von Bismarck,
Friedrich Bohla, Rudi Damme und
Elisabeth Raiser
und einem Geleitwort von
Julij A. Kwizinskij, Botschafter der UdSSR
in der Bundesrepublik Deutschland

Gütersloher Verlagshaus
Gerd Mohn

Originalausgabe

CIP-Titelaufnahme der Deutschen Bibliothek

Lenhard, Hartmut:
Unterwegs nach Minsk: Spuren suchen, Menschen begegnen,
Brücken bauen / Hartmut Lenhard. Mit Beitr. von Klaus von Bismarck... –
Gütersloh: Gütersloher Verl.-Haus Mohn, 1989
(Gütersloher Taschenbücher Siebenstern; 1106)
ISBN 3-579-01106-5
NE: GT

ISBN 3-579-01106-5
© Gütersloher Verlagshaus Gerd Mohn, Gütersloh 1989

Das Werk einschließlich aller seiner Teile ist urheberrechtlich geschützt. Jede Verwertung außerhalb der engen Grenzen des Urheberrechtsgesetzes ist ohne Zustimmung des Verlages unzulässig und strafbar. Das gilt insbesondere für Vervielfältigungen, Übersetzungen, Mirkroverfilmungen und die Einspeicherung und Verarbeitung in elektronischen Systemen.

Umschlagentwurf: Dieter Rehder, Aachen, unter Verwendung
eines Fotos von Hartmut Lenhard, Detmold
(»Der Unbeugsame«, Denkmal für Josef Kaminski, Schmied von Chatyn)
Gesamtherstellung: Clausen & Bosse, Leck
Printed in Germany

INHALT

Geleitwort von Julij A. Kwizinskij 7

Vorwort 9
Zu Besuch bei unseren Feinden 9 – Wo fangen wir an? 10 – Impulse 10 – Versöhnung praktisch 11 – Unser Ziel: Minsk 11 – Perspektiven der Wahrnehmung 12

Was kommt auf uns zu? 13
Vorbereitungen 13 – Ungewißheiten und Herausforderungen 14

Freitag, 21. August 1987 15
Unterwegs nach Minsk 15

Samstag, 22. August 19
Minsk – eine Stadt stellt sich vor 19 – Spuren des Krieges 21 – Wohnen und Leben in Minsk 23 – In einer anderen Welt: 1000 Jahre Kirche 25 – Szenenwechsel: Erkundungsgang in der Stadt 28

Sonntag, 23. August 29
Himmel auf Erden: Im orthodoxen Gottesdienst 29 – »Perestroika ist ein Wort der Bibel« 31 – »Wir sind Menschen und keine russischen Bären«: das Friedensschutzkomitee 33 – »Die Gnade der späten Geburt« 37 – Zwischenbilanz 38

Montag, 24. August 39
»Die Geschichte lehrt auch die Dümmsten« – Zu Gast bei der Freundschaftsgesellschaft 39 – Perestroika hier und dort? 42 – Lehrersein in der Sowjetunion: Im pädagogischen Paradies? 44 – Der Schatten der Geschichte 47

Dienstag, 25. August 48
Sozialismus von innen: Bei den Werktätigen 48 – »Der Russe muß sterben, damit wir leben«: das Museum des Großen Vaterländischen Krieges 50 – Alltagsszenen 53

Mittwoch, 26. August 55
Am Ort der Vernichtung: Chatyn 55 – »Welch ein Freund ist unser Jesus«: Baptisten im Sozialismus 62

Donnerstag, 27. August 65
Im Veteranenheim 65 – Stadtbummel 67

Freitag, 28. August 70
Von Angesicht zu Angesicht: Feinde schließen Frieden 70 – Der Metropolit lädt zum Tee 74 – Malyj Trostinec: Erinnerung und Vergebung 75 – Abschied 76

Was hat sich verändert – was bleibt zu tun? 80

Klaus von Bismarck
*Das Vergessenwollen verlängert das Exil, und das
Geheimnis der Erlösung heißt Erinnerung* 82

Elisabeth Raiser
Liebe Vera, liebe Nina, Freundinnen in Moskau! 87

Rudi Damme
Reisen in die Sowjetunion – aber wie? 91
Reisen in die Sowjetunion sind Reisen in Feindesland 91 – Konkrete Tips für die Vorbereitung, Durchführung und Nachbereitung einer Begegnungsreise 93

Literaturhinweise, Medien, Tips 95

Zum Geleit

Das Buch, das Sie, sehr geehrter Leser, vor sich haben, steht durchaus im Einklang mit dem Zeitgeist. Es animiert zur Erweiterung der gegenseitigen Verständigung, zur Schaffung einer Atmosphäre echten Vertrauens zwischen den Völkern der UdSSR und der Bundesrepublik Deutschland und macht deutlich, daß unmittelbare Kontakte zwischen Menschen in Ost und West den Weg zur guten Nachbarschaft, zur Überwindung von Vorurteilen und Stereotypen der Vergangenheit und zum Abbau von Feindbildern ebnen. Darüber hinaus trägt das Buch zur Festigung der Einsicht bei, daß die Aufgabe der Erhaltung der Gattung Mensch angesichts der Gefahr einer nuklearen bzw. ökologischen Katastrophe unverzügliche Handlungen von unseren Ländern und Völkern erfordert.

Nur im vollen Bewußtsein der Lehren der Geschichte kann man sich auch des Maßes der Verantwortung der gegenwärtigen Generationen dafür bewußt werden, daß sich die Tragödie eines Krieges nie wiederholen darf. Der Weg in eine friedliche Zukunft führt durch den Abbau von Quellen der Spannung und der Feindseligkeit, durch die Entwicklung vielseitiger Kooperation, durch die Vertiefung des Dialogs und Verbreiterung der Kenntnisse voneinander.

In diesem Prozeß spielt die sogenannte »Volksdiplomatie« eine wichtige Rolle. Zur »Volksdiplomatie« gehörte eben mit die Reise einer Gruppe aus Westfalen-Lippe nach Minsk. Zahlreiche Begegnungen und Gespräche, die auf dem seinerzeit durch Kriegsfeuer verwüsteten weißrussischen Boden stattgefunden haben, und das Erscheinen dieses Buches geben Grund zu der Hoffnung, daß der Prozeß der Erarbeitung eines neuen Denkens, der Suche nach gegenseitiger Verständigung und Versöhnung tiefe Wurzeln schlägt. Dieser Prozeß verspricht zu einem wichtigen Halt für die Staatsführungen der UdSSR und der Bundesrepublik Deutschland zu werden, die Entwicklung und Vertiefung der Beziehungen zwischen unseren Ländern und Völkern voranzubringen.

Ich möchte dem Wunsch Ausdruck geben, daß dieses Buch, das einen hohen moralischen und politischen Wirkungsgrad erzielt, viele interessierte Leser in der Bundesrepublik Deutschland findet.

J. Kwizinskij
Botschafter der UdSSR in
der Bundesrepublik Deutschland

VORWORT

Zu Besuch bei unseren Feinden

Eine Reise in die Sowjetunion – im Zeitalter des Massentourismus nichts Besonderes mehr! Kein Reisebüro, das nicht seinen obligatorischen Flug zum Kreml, zur Eremitage in Leningrad und zum Kloster in Sagorsk im Programm hätte. Und die Reisefreudigkeit kunst- und kulturbegeisterter Mitbürgerinnen und Mitbürger wächst. Schon längst sind die Abenteuer der transsibirischen Eisenbahn nicht mehr nur touristischen Vorreitern vorbehalten; auch die »exotischen« Sowjetrepubliken im Süden des Landes erfreuen sich regen Zuspruchs. Bücher, die über das Leben der Menschen in der Sowjetunion Auskunft geben, stehen auf den Bestsellerlisten. Kein Wunder, seit sich die Sowjetunion auf das aufregende Experiment der Perestroika eingelassen hat, das mit dem Namen Michail Gorbatschow und seiner Politik des Neuen Denkens verbunden ist.

Die Auswirkungen der allmählichen Öffnung der Sowjetunion sind noch kaum abzuschätzen. Möglich ist, daß sich Menschen aus beiden Staaten durch die Reisen in die Sowjetunion näherkommen. Aber sicher ist das nicht. Denn was Deutsche in diesem Land an sich heranlassen und was sie wahrnehmen, bestimmt nicht nur das Reiseprogramm, sondern auch die mitgebrachte Einstellung gegenüber dem politischen System in der Sowjetunion. Es kann durchaus sein, daß eine Reise in die Sowjetunion nur all das bestätigt, was man an Negativem ohnehin schon weiß. Denn noch immer ist die Sowjetunion »unser Feind« – trotz aller Bemühungen um wirtschaftliche Beziehungen, politische Entspannung und kulturellen Austausch. Nur dann, wenn Menschen bereit sind, sich dieser Feind-Geschichte zu stellen und sie aufzuarbeiten, können die Blockaden abgeräumt werden, die einer tiefergehenden Verständigung im Wege stehen.

Wo fangen wir an?

Seit 1984 haben die Arbeitsgemeinschaften Solidarische Kirche Westfalen und Lippe darüber nachgedacht, wie es kommt, daß unser Verhältnis zur Sowjetunion nach wie vor gestört ist. Ängste, Vorurteile und Feindbilder halten uns auf Distanz, lassen eine unbefangene Annäherung an den großen Nachbarn im Osten nicht zu. Sie reichen weit in unsere Geschichte zurück, aber erst der Vernichtungskrieg, den Deutschland 1941 bis 1945 gegen die Sowjetunion geführt hat, hat den Riß zwischen den Völkern fast unüberbrückbar werden lassen. Dieser Krieg ist bis heute von vielen der damals Beteiligten verdrängt worden; die 20 Millionen Toten, die er in der Sowjetunion hinterlassen hat, sind nie als unauslöschliche Schuld begriffen worden. Ein großes Schweigen hat nach dem Krieg den Mantel des Vergessens über diese Geschichte zu decken versucht. Erst jetzt – über 40 Jahre später – merken wir, wie verheerend sich diese ›Unfähigkeit zu trauern‹ auf die Beziehungen zwischen den Völkern ausgewirkt hat. Ohne eine Auseinandersetzung mit dieser Schuldgeschichte ist eine Versöhnung mit den Völkern der Sowjetunion undenkbar.

Impulse

Die Arbeitsgemeinschaften haben mit zwei Büchern versucht, in der evangelischen Kirche Anstöße zu einem Versöhnungs- und Friedensprozeß zu geben. 1986 erschien das Buch »Brücken der Verständigung. Für ein neues Verhältnis zur Sowjetunion«, 1987 haben sich die Arbeitsgemeinschaften mit acht Thesen zur »Versöhnung und Frieden mit den Völkern der Sowjetunion« öffentlich für eine neue Ostdenkschrift der EKD eingesetzt. Diese Impulse sind inzwischen in weiten Kreisen der Kirche, aber auch in der breiteren Öffentlichkeit aufgegriffen worden. Der Rat der EKD und der Bund der Evangelischen Kirchen in der DDR haben ein gemeinsames Wort zu »Versöhnung und Verständigung« herausgegeben, das in seltener Klarheit die deutsche Schuld beim Namen nennt. Natürlich haben unsere Thesen auch Widerspruch erfahren. Der Weg zur Versöhnung ist schwierig, aber vielversprechend.

Versöhnung praktisch

Was uns fehlte, war die Probe aufs Exempel. Wir wollten selbst prüfen, ob unsere Überlegungen sich in der konkreten Begegnung mit Menschen in der Sowjetunion bewähren. Das Internationale Bildungs- und Begegnungswerk e. V. in Dortmund bot dem Leitungskreis der Solidarischen Kirche an, vom 21. bis 30. August 1987 zusammen eine Reise nach Minsk durchzuführen. Dieses Angebot haben wir spontan und gern angenommen. 28 Christinnen und Christen aus Nordrhein-Westfalen, fast alle aus den Arbeitsgemeinschaften Solidarische Kirche Westfalen und Lippe, schlossen sich an.

Unser Ziel: Minsk

Es kam nicht von ungefähr, als Ziel der Reise ausgerechnet Minsk zu wählen – eine Stadt, die touristisch nur wenig Attraktives zu bieten hat. Für Minsk, die Hauptstadt der belorussischen Republik, haben wir uns deshalb entschieden, weil in Belorußland die Zerstörungen des Vernichtungskrieges besonders groß waren und die Spuren der Vergangenheit noch heute deutlich sichtbar sind. Zweimal, 1941 und 1944, ging der Krieg durch das Land. Er hinterließ verbrannte Erde. 2,3 Millionen Menschen sind in Belorußland umgebracht worden. Diese mörderische Geschichte steht den Menschen, denen wir begegnet sind, noch heute im Gesicht. Jede Familie ist auch nach vier Jahrzehnten von diesem Krieg betroffen.

Wir wollten uns dieser Geschichte aussetzen – Teilnehmer am »Unternehmen Barbarossa«, die hier mit ihrer eigenen Vergangenheit konfrontiert wurden; Menschen, die damals noch zu jung waren, um die Dimensionen dieses Krieges zu begreifen, deren Väter und Mütter aber mittelbar oder unmittelbar in dieses Verbrechen verwickelt waren; Nachgeborene, die stellvertretend für ihre Eltern dafür sorgen wollten, daß diese Geschichte nicht einfach vergessen wird. Spuren suchen, Menschen begegnen, ihre Schicksale anhören, an ihrem Leiden teilnehmen, die Geschichte und ihr Leben in der Sowjetunion aus ihrer Perspektive sehen lernen und so Brücken bauen – darum ging es uns. Kein vorschnelles Urteilen also, sondern der Versuch, die mitgebrachten Brillen abzusetzen und sich hörend und verstehend auf unsere Gesprächspartner einzulassen.

Perspektiven der Wahrnehmung

Von diesem Versuch soll dieses Buch erzählen. Es ist eine betont subjektive Sichtweise, die ich einnehme. Der Bericht wahrt nicht den Anschein von Neutralität, er ist an vielen Stellen als engagierte Auseinandersetzung zu erkennen. Deshalb ist er anfechtbar und korrekturbedürftig, offen für Einrede und neue Erfahrungen. Außerdem haben wir nur einen winzigen Ausschnitt aus diesem riesigen Land mit seinen vielen Völkern zu Gesicht bekommen. Aber doch so viel, daß uns dieser Ausschnitt wie ein Brennglas erscheint, in dem sich manches bündelt, was Besucher der Sowjetunion auch anderswo erfahren können. Für Minsk könnten Hunderte anderer Orte stehen. Subjektiv ist die Perspektive auch deshalb, weil ein »Nachgeborener« – Jahrgang 1947 –, der den Krieg nur aus Erzählungen und Büchern kennt, sich der Geschichte der Älteren nähert. Um diese Sicht zu erweitern, hat Friedrich Bohla, Jahrgang 1911, Teilnehmer am Rußland-Krieg, den Bericht an einigen Stellen kommentiert und mit seinen Erfahrungen angereichert.

In unser Buch sind die Erinnerungen der Teilnehmerinnen und Teilnehmer der Gruppe eingeflossen. Einige haben mir ihre Mitschriften zur Verfügung gestellt, andere haben mit kritischen Augen das Manuskript gelesen und wertvolle Anregungen gegeben; ihnen allen danke ich für ihre Hilfe. Elisabeth Raiser und Klaus von Bismarck haben unsere Erfahrungen ergänzt. Beiden ist es bei ihrem eigenen Besuch in Minsk ähnlich wie unserer Gruppe ergangen. Schließlich gibt Rudi Damme vom Internationalen Bildungs- und Begegnungswerk Hinweise für die Durchführung einer Begegnungsreise in die Sowjetunion.

Wir möchten den Leserinnen und Lesern Mut machen, sich selbst auf den Weg der Versöhnung zu machen. Es lohnt sich!

WAS KOMMT AUF UNS ZU?

Vorbereitungen

Zwei Vorbereitungstagungen liegen hinter uns. 28 sind wir, bunt zusammengewürfelt aus allen Teilen Westfalens und Lippes. Der älteste ist 76 Jahre alt, die jüngsten Ende 20. So unterschiedlich wie die Teilnehmer, so verschieden sind die Erwartungen an die gemeinsame Reise und die Bilder, die jeder von der Sowjetunion mit sich herumträgt. Aber uns verbindet der Wunsch, Spuren der Vergangenheit in Minsk aufzusuchen und Menschen, die dort leben, zu begegnen.

Viele neue Informationen sind auf uns eingestürzt, angefangen von der geographischen Lage Belorußlands an der Nahtstelle zu Mitteleuropa über die wechselvolle Geschichte dieses Landes bis hin zu Daten über Arbeit und Kultur, Lebensbedingungen und Bildungswesen. Dann drängten sich weitere Probleme in den Vordergrund: Warum und wie ist der Vernichtungskrieg gegen die Sowjetunion geführt worden? Welches Schicksal hatten russische Kriegsgefangene und Zwangsarbeiter? Warum ist der Krieg in der Bundesrepublik weitgehend verdrängt worden? Welche Folgen hatte diese Verdrängung in der Nachkriegsgeschichte? In welcher Situation befinden sich die Kirchen? Wie leben orthodoxe Christen, wie feiern sie Gottesdienst, welche Geschichte hat ihre Kirche? Was heißt Perestroika? Was hat sich seit dem Amtsantritt von Gorbatschow verändert? All diese Fragen haben wir uns gestellt und teils selbst, teils mit Hilfe von Fachleuten zu beantworten versucht. Für manche von uns war es das erste Mal, einem leibhaftigen russisch-orthodoxen Bischof oder einem sowjetischen Professor für Sozialwissenschaften zu begegnen.

Aber auch die vielen Details der Reiseplanung waren zu bedenken: Wie soll unser Programm aussehen? Welche Wünsche wollen wir dem Intourist-Reisebüro vortragen? Welche Verhaltensnormen sind zu beachten? Welche Gastgeschenke bringen wir mit? Dokumentationen über Gefangenenlager in unserer Nähe wurden für unsere Gesprächspartner gesammelt. Fast alle haben versucht, sich das kyrillische Alphabet anzueignen, um wenigstens einzelne Wörter entziffern zu können, einige haben sogar einen Russisch-Kursus belegt.

Ungewißheiten und Herausforderungen

Unsere Reise soll am Ende der Sommerferien beginnen – Zeit genug, um vom Alltag Abstand zu gewinnen, die gesammelten Informationen zu ordnen und vor allem: über die eigenen Erwartungen noch einmal nachzudenken. Warum fahre ich selbst nach Minsk, warum gerade so und nicht mit einem der üblichen Touristikangebote? Es ist sicher der schwierigere Weg, den wir gewählt haben, schwierig, weil ungewiß ist, was auf uns zukommt.

Wie werden die Menschen auf uns reagieren, mit denen wir sprechen? Sie müssen doch Haß auf die Deutschen verspüren, die ihre Eltern und Geschwister, ihre Kinder und Freunde umgebracht haben. Insgeheim habe ich Angst vor solchen Begegnungen, auch wenn ich mich – als Nachgeborener – von der Schuld der älteren Generation distanzieren kann. Denn ist es nicht wahrscheinlich, daß auch wir Jüngeren für die Taten der Älteren haftbar gemacht werden? Ich bin unsicher, ob wir mit unserem Willen zur Versöhnung Gehör finden. Oder wird uns die Sprache der Verständigung fehlen, vielleicht weil wir unser Unternehmen zu sehr an der »verdrängten Schuld« ausgerichtet haben oder weil wir als Christen Kommunisten begegnen werden, für die »Versöhnung« nur eine leere Vokabel sein könnte? Ja, werden uns selbst unsere kirchlichen Gesprächspartner verstehen können, deren theologische Tradition eben doch ganz andere Schwerpunkte setzt als unsere protestantische?

Ich begreife, daß diese Reise auch für mich persönlich eine Herausforderung darstellt, daß ich mich mit meinen eigenen Bildern und Denkweisen werde auseinandersetzen müssen. Wie stark haben mich die antikommunistischen Einflüsse aus meinem Elternhaus und meiner freikirchlichen Gemeinde geprägt? Welche Verengungen und Verzerrungen meines Gesichtsfeldes trage ich mit mir herum, ohne es zu merken? Wahrscheinlich werde ich nicht wieder so nach Hause fahren, wie ich die Reise angetreten habe. Es ist etwas anderes, am Schreibtisch kluge Gedanken über unser Verhältnis zur Sowjetunion zu Papier zu bringen, als sich selbst der konkreten Begegnung mit lebendigen Menschen und ihrer Geschichte zu stellen. Aber geschieht Versöhnung nicht immer konkret?

FREITAG, 21. AUGUST 1987

Unterwegs nach Minsk

Bielefelder Hauptbahnhof 1.16 Uhr. Der Paris-Moskau-Express läuft in den menschenleeren Bahnhof ein. Nur die kleine Gruppe der Teilnehmer aus Ostwestfalen hat etwas aufgeregt auf dem Bahnsteig gewartet. Nur kein Lärm, denn die anderen, die schon im Ruhrgebiet eingestiegen sind, haben sich längst zur Ruhe gelegt! Zu dritt finden wir uns in einem russischen Schlafwagenabteil wieder, eine beängstigende Enge herrscht – unser Domizil für 26 Stunden Bahnfahrt. Drei Betten übereinander, das Bettzeug macht auf mich keinen besonders einladenden Eindruck, aber der Schaffner bringt rasch frische Laken. So gut es geht, richten wir uns ein. Ich werde hin und her geschaukelt, das Rattern ist trotz der Ohrenstopfen beträchtlich. Es gelingt mir nicht einzuschlafen. Immer wieder schießen mir Gedanken durch den Kopf. Warum haben wir uns bloß auf dieses Abenteuer mit der Bahn eingelassen? Wir hätten das doch viel bequemer haben können; mit dem Flugzeug von Ost-Berlin aus wären wir in wenigen Stunden in Minsk! Aber vielleicht können wir nur so ermessen, wie lang die Strecke ist, die unsere Väter schon einmal zurückgelegt haben, nur in anderer Absicht. Was hatten sie so weit von ihrer Heimat entfernt zu suchen? Ihr Vaterland verteidigen?

Der barsche Ton der DDR-Grenzer durchbricht meine Halbschlafgedanken. »Wo ist denn hier die Reiseleitung?« schreit jemand. Dann Paßkontrollen, gleich mehrfach, und Gesicht herzeigen, vergleichen, abhaken. Es ist wie eine Erlösung, als ich morgens aufstehen kann. Dann improvisieren wir ein Kaffeetrinken, ein Wagenschaffner bietet Kaffee für 1,– DM an. Die hohen, fein ziselierten Gläser würden in jedem Antiquitätengeschäft bei uns einen horrenden Preis erzielen. Wir zahlen unseren Obolus gern, er kommt uns niedrig vor. Auch für Tee zahlen wir unaufgefordert denselben Preis. Wer käme schon auf die Idee, daß Tee kein Luxusartikel wie Kaffee ist und deshalb eigentlich nur –,20 DM kostet?

Allmählich wird unser Abteil wach. Die meisten haben die Nacht gut überstanden. Herzliche Begrüßungen, Umarmungen, Scherze. Noch kann ich nicht einschätzen, wie wir uns untereinander vertragen werden. Es wird ja kein Sommerausflug werden, was wir uns vorgenommen haben.

Dann die erste Überraschung. Als ich mich in dem Nachbarwagen umsehe, treffe ich auf einen jungen Russen, der mich anspricht. Er gehört zu einer Studentengruppe aus Alma Ata, die sich drei Wochen lang in Ost-

Berlin aufgehalten hat. Zum ersten Mal begegne ich einem sowjetischen Bürger ohne Dolmetscher, ohne Funktionäre, gar nicht offiziell, sondern sozusagen en passant. Wir kommen schnell ins Gespräch, er erzählt mit einer gewissen Begeisterung, was er in Berlin erlebt hat; sein Deutsch ist gut verständlich, während ich, außer einigen Brocken, kein Russisch kann. Blamabel! Er berichtet von seinem Deutschstudium an der Universität, nennt seine deutschen Lieblingsautoren, Goethe, Schiller, Heine, Böll, und eine ganze Liste von modernen DDR-Autoren. Auch hier werden mir meine Lücken schmerzlich bewußt. Immerhin habe ich vor der Reise einige Romane von Aitmatow und Rasputin gelesen, die er natürlich auch kennt. Eine erste Brücke. Dann fragt er mich, warum ich nach Minsk reise. Es ist für mich nicht ganz einfach, den Grund unserer Reise zu erläutern. Immer wieder fragt er nach, will genau wissen, was ich mit »Versöhnung« meine. Endlich hat er unser Anliegen verstanden. Ich schenke ihm unsere Thesenreihe. Hocherfreut bedankt er sich. Wir werden uns wiedersehen.

Wir fahren durch die DDR weiter nach Osten. Den Grenzübergang in Frankfurt/Oder erlebe ich bewußt mit. Polen, eine weite Landschaft mit Feldern, Hecken, Wiesen, nur wenige Häuser. Ab und zu kleine Bahnhöfe. Ich erinnere mich, wie mir mein Geschichtslehrer in der Oberstufe verbot, dieses Land Polen zu nennen. Noch immer tun Vertriebenenpolitiker mit verbalen Kraftakten so, als könnten sie das Rad der Geschichte zurückdrehen. Wie wenig verbindet mich mit diesen früheren deutschen Ostgebieten! Ich habe keine Verwandten, die früher hier gelebt haben. Was ich über dieses Land weiß, habe ich aus Geschichtsbüchern. Was aber mag Friedrich bei dieser Fahrt bewegen? Ich habe erfahren, daß er aus Schlesien kommt, ganz nahe an der polnisch-russischen Grenze. Ich frage ihn. Friedrich berichtet:

Der Ort meiner Geburt, ein kleines Landkreisstädtchen in Schlesien, lag nur 32 km von der Grenze des russischen Zarenreiches entfernt. Als Dreijähriger hörte ich 1914 den Kanonendonner der herannahenden russischen »Dampfwalze«. Berichte über Greueltaten russischer Kosaken-Einheiten in Ostpreußen verstärkten die Angstgefühle. Als Siebenjähriger erlebte ich den Zusammenbruch des Kaiserreiches, die fast vollständige Entmilitarisierung des rechten Oderufers, das Vorrücken der Ostgrenze bis auf etwa 8 km, denn die Provinz Posen und Teile meines Heimatkreises mußten an das neu entstandene Polen abgetreten werden. Und wieder als Begleitmusik der Kanonendonner der in Grenznähe übenden polnischen Artillerie.

Was mich heute – bei der Fahrt durch frühere deutsche Gebiete – bewegt, ist zunächst Trauer über die Irrwege meiner Generation. Ich bin bereits zweimal in meinem Geburtsort Namslau und meinem letzten Wohnort Breslau gewesen. Als ich die Visa beantragte, habe ich selbstverständlich die polnischen Bezeichnungen Namyslow und Wroclaw gebraucht. Wir haben polnische Freunde in Hirschberg/Riesengebirge. Aus Gründen des Taktes sagen wir bei Gesprächen Jelenia Gora, während sie von Hirschberg sprechen. Das alles geht unbefangen und reibungslos. Warum sollte ich – wie es die Vertriebenenpolitiker gern hätten – auf dem deutschen Namen bestehen? Wer stört sich denn daran, daß die Franzosen seit eh und je Köln Cologne nennen?

Beim Grenzübergang in Frankfurt/Oder war ich mir bewußt, daß ich für kurze Zeit durch den südlichen Teil der Neumark fahre, die seit 1250 brandenburgisch war. Diese Gebiete werden nie wieder Bestandteil eines »Deutschen Reiches« sein, obwohl sie über 700 Jahre lang dazugehörten. Da ein Friedensvertrag fehlt (wir könnten ihn längst haben, wenn wir ihn nur wollten!), ist die Grenzfrage völkerrechtlich gesehen zwar »offen« – wie zur Zeit Stresemanns und der Weimarer Republik. Aber wer darauf insistiert, mag sich wohl daran erinnern, wozu das führen kann: Der Zweite Weltkrieg hat es bewiesen.

Was wir brauchen, ist statt dessen Vertrauen auf beiden Seiten. Wir brauchen obendrein die Einsicht, daß wir die reale Oder-Neiße-Grenze bekommen haben, weil wir die von 1919/1937 nicht haben wollten!

Durch die leicht matten Scheiben unseres Abteils lasse ich die Landschaft an mir vorübergleiten. In Warschau dürfen wir nicht aussteigen, alles ist abgeschlossen, der Bahnhof liegt unterirdisch, macht einen düsteren Eindruck.

Bis hierher sind sie also gefahren, Tag und Nacht. Nicht in einem Schlafwagen. Nicht mit Versorgung von Tee und Kaffee. Nicht mit soviel Platz für drei Menschen, der mir fast schon zu eng vorkommt. Bis hierher, nicht nur 16 Stunden, sondern drei, vier Tage oder länger, ohne Licht, ohne Toilette, in Viehwaggons, ohne Heizung, manchmal abgeschoben auf Abstellgleise, unsicher, was auf sie zukam. Bis hierher: Hunderte von jüdischen Männern, Frauen und Kindern in einem Waggon, Tausende in einem Zug, Hunderttausende aus Deutschland, Millionen aus allen Richtungen Europas. Die Schienen, auf denen unser Zug nach Osten rollt, haben eine schreckliche Geschichte.

Im Nebenabteil suchen wir den sowjetischen Studenten auf, den ich morgens kennengelernt habe. Um ihn herum einige Mitstudentinnen und -studenten. Schnell werden es mehr. Unser Besuch spricht sich herum. Ohne Berührungsängste, mit einer überraschenden Herzlichkeit und Offenheit werden wir zum Tee eingeladen. Dürfen die Studenten das denn? Werden ihre Betreuer nicht intervenieren? Einfach mit Westlern fraternisieren? Ich beobachte, wie meine Vorbehalte mit jeder Minute unserer Unterhaltung kleiner werden. Jeder stellt sich vor, wir lassen uns erzählen und erzählen selbst. Es herrscht eine ausgesprochen fröhliche Stimmung, Sprachprobleme gibt es nicht. Bilder und Prospekte von Ostwestfalen und Lippe und von Kasachstan gehen herum. Wir tauschen Adressen aus. Ich stelle mir vor, wie es wäre, wenn wir sie in Alma Ata besuchen würden. Als wir zu unserer Gruppe zurückkehren, gibt es überraschte Gesichter. So schnell also kann man Kontakte knüpfen!

Wir nähern uns der Grenze. Noch wissen wir nicht, was Brest für die russischen Bürger bedeutet. Wir erfahren es aber bald: *die* Heldenfestung, die dem ersten Ansturm deutscher Truppen lange standgehalten hat. Es ist schon Nacht, die Uhren werden zwei Stunden vorgestellt. Mit klaren Anweisungen, aber längst nicht so barsch wie an der DDR-Grenze, werden unsere Pässe kontrolliert. Unser Abteil trifft es: Wir drei müssen mitsamt unserem Gepäck aussteigen. Auch Friedrich, unser Senior, wird mitgenommen. Er macht einen ausgesprochen irritierten Eindruck: Daß die SU-Reise so anfangen muß! Friedrich berichtet:

Wen wundert das, wenn zunächst nicht erkennbar ist, was diese Aktion bezweckt! Im Visumsantrag habe ich wahrheitsgemäß angegeben, daß ich 1942/43 bereits in der Sowjetunion war. Gilt die Kontrolle also dem Rußlandkrieger? Über der Tür der Zoll- und Paßstelle prangt ein Plakat: »Willkommen in der Sowjetunion« – und nun dies – mitten in der Nacht. Aber: Abgesehen davon, daß die von meiner Frau sorgfältig geplätteten Hemden hinterher nicht mehr so recht in den Koffer paßten, verlief die Aktion harmlos, höflich, freundlich.

Zoll! Eine große Halle, Menschen aus vielen Ländern. Unsere Klamotten legen wir auf einen halbrunden Tresen. Als plötzlich zwei der Studenten, mit denen wir Kontakt hatten, auftauchen, wird uns mulmig: Vielleicht ist es ihnen doch verboten, sich mit Deutschen zu unterhalten? Ob sie von der verschenkten Thesenreihe berichtet haben? In meinem Hinterkopf meldet sich ungerufen das Bild von einem Polizeistaat. Aber mit welchem Recht? Vorurteile leben davon, daß sie sich nicht rechtfertigen müssen. Die Gepäckkontrolle geht relativ schnell vor sich, aber ein Berg von Literatur wird aussortiert: zwei Thesenreihen, die »Brücken der Verständigung«, einige Gorbatschow-Reden, Literatur von Dostojewski und über Mussorgsky und Schostakowitsch, Prospekte, Bibeln etc. Eine sehr korrekte Offizierin trägt die Dinge weg. »Ich brauche keine Erläuterung«, sagt sie auf mein Angebot. Wir sind die letzten, warten, warten. Aber dann kommt sie wieder: Alles in Ordnung! Weder die politischen Schriften noch die Bibeln werden reklamiert. Ich schenke der Offizierin eine Thesenreihe, sie bittet mich erfreut um eine Autorensignatur. Wieder ein Vorurteil weniger.

Zwei Stunden dauert es, bis die Waggons auf die breitere russische Spur umgesetzt sind – ein technisch spannendes Verfahren – und auf der sowjetischen Seite des Bahnhofs wieder anfahren. Wir irren etwas ziellos in dem riesigen Bahnhofsgebäude herum. Die monumentale Halle macht einen palastähnlichen Eindruck; Stuck, Säulen und imposante Kuppeln stehen in einem durchaus komischen Mißverhältnis zu den Verkaufsständen und dem Stehimbiß, der auch jetzt noch – um Mitternacht – geöffnet ist. Hunderte von Menschen haben sich in der Halle versammelt, reden, schlafen, essen, warten – ein Bild, das wohltuend absticht von der gähnenden Leere und Unwohnlichkeit unserer Bahnhöfe. Nach osteuropäischer Zeit ist es schon 2 Uhr nachts, als wir in den Zug zurückdürfen.

Vor unserem Abteil wartet Robert, einer der kasachischen Studenten, auf uns. Er ist gekommen, um uns einige Geschenke mitzugeben; denn bis wir in Minsk aussteigen, dauert es nur noch drei Stunden. Ein bewegender Augenblick! Wir revanchieren uns mit einer großen Tafel Schokolade und einigen anderen Kleinigkeiten. Kurze Zeit später werden wir aufgeweckt: Auch Alexander und Natascha kommen, um uns zu beschenken: weitere Püppchen, ein Armreifen und Ohrklipps. Wir sind überwältigt von soviel Herzlichkeit. Mit der Geschenkfreude der Menschen hier können wir nicht umgehen und versuchen unsererseits, unsere Freunde mit Geschenken zu überschütten. Dabei gehen wir weit über das hinaus, was als angemessen gilt. Erst hinterher wird uns klar, was geschehen ist: daß wir uns in die Rolle des westlichen Weihnachtsmannes hineinbegeben haben, der Sympathie mit Geldwert auszudrücken versucht. Mit welchen Maßstäben messen wir eigentlich? Hat das Geld nicht nur unser Bewußtsein, sondern auch unsere Gefühle korrumpiert?

Der Zug schaukelt uns über die letzten zweihundert Kilometer mehr oder weniger sanft nach Belorußland hinein. Als wir kurz vor Minsk aufwachen, haben wir Abstand gewonnen von der bundesdeutschen Wirklichkeit, können uns allmählich auf die neuen Eindrücke einstellen, die uns erwarten. Der Schock, den Flugreisen oft auslösen, ist nicht eingetreten. Wir haben Zeit, behutsam hinüberzugleiten in das »belorussische Abenteuer«.

SAMSTAG, 22. AUGUST

Minsk – eine Stadt stellt sich vor

Wir kommen morgens um 5.30 Uhr an, wegen der Zeitverschiebung eigentlich um 3.30 Uhr. Es klappt alles wie am Schnürchen, ein Mann vom Hotel holt uns ab, Gepäckträger, Bustransfer. Die Straßen sind naß von der morgendlichen Reinigung. Das Hotel Planeta liegt am Rande des Zentrums, ein Kompaktbau nach westlichen Standards. Vor Müdigkeit nehme ich kaum wahr, wie die Zimmer verteilt werden. Wir fahren in den 6. Stock. Aus dem Fenster unseres perfekt eingerichteten Zweibettzimmers haben wir einen weiten Blick über die Stadt. Die aufgehende Sonne durchbricht den leichten Dunst und spiegelt sich in einem nahegelegenen See. Die Stadt zeigt sich von ihrer schönsten Seite.

Um 10 Uhr gibt es Frühstück: die nächste Überraschung. Zwar sind wir »vorgewarnt«, aber die Gänge, die in unserem ansprechend gestalteten Speisesaal nach und nach aufgefahren werden, erscheinen uns fast zu opulent. Versorgungsschwierigkeiten? Für Touristen jedenfalls nicht. Devisenbringer gehen vor. Wie überall übrigens.

Punkt 11 Uhr holt uns unsere Dolmetscherin ab: Shenja, 37 Jahre alt, Mutter von Paulchen. Sie spricht perfekt deutsch, ist Chefin einer ganzen Gruppe von Dolmetscherinnen von Intourist. Stadtrundfahrt: Shenja spult ihr Programm ab, eine Unmenge von Informationen prasselt auf uns nieder: Belorußland in Zahlen, so wie sie es bei deutschen Touristen gewöhnt ist. Manches rauscht vorbei, denn wir sind noch wenig aufnahmefähig. Vielleicht wäre es besser, die vielen Einzelheiten vorweg oder hinterher gesagt zu bekommen.

Wir fahren an einem Kirchlein vorbei, das jetzt das Stadtarchiv beherbergt. Gleich gegenüber die orthodoxe Hauptkirche, die Stephanuskathedrale. Es gebe noch eine weitere orthodoxe Kirche, in der Gottesdienste stattfinden, erklärt Shenja. Diese beiden sollen für eine Millionenstadt reichen? Ich merke, wie ich mit unseren Maßstäben messe. Was sagt die Zahl von Kirchen über das Leben der Gemeinde aus? Der Blick in unsere Sonntagsgottesdienste genügt, um diese Frage zu beantworten. Außer den beiden orthodoxen Kirchen gibt es noch mehrere Bethäuser und eine Synagoge. In den letzten Jahren sind in Belorußland 50 Kirchen gebaut worden.

Wir erfahren erste Zahlen über den Krieg, können uns aber das Ausmaß der Zerstörung und Vernichtung kaum vorstellen: 83 % der Häuser sind zerstört worden. Vor dem Krieg hatte Minsk 300 000 Einwohner, 1945 noch 45 000. Heute leben 1,5 Millionen in der Stadt. Was bedeuten diese Zahlen? Welche Schicksale verbergen sich hinter ihnen? Welche Leiden und Verletzungen spiegeln sich in ihnen? Je höher die Zahlen, desto unanschaulicher werden die Menschen. Zahlen allein bringen uns nicht zum Erschrecken, wir brauchen andere Zugänge, um die Spuren der Vergangenheit zu entdecken.

Wir halten am Leninplatz und steigen aus. Hier befindet sich das offizielle Zentrum der Stadt mit den Regierungsgebäuden und der Universität. Vor dem Haus des Ministerrates eine Leninplastik. Eine Kopie, erklärt uns Shenja. Das Original haben die Deutschen zerstört, die Kopie wurde der Stadt Minsk von Arbeitern aus Leningrad geschenkt. Eine kleine Einführung in das sowjetische Verfassungssystem folgt.

Während wir uns informieren lassen, fährt ein Taxi nach dem anderen vor der Lenin-Skulptur vor: Brautpaare steigen aus, verharren eine Zeitlang vor dem mächtig aussehenden und entschlossen dreinblickenden Lenin, sprechen ein paar rituelle Worte und legen – hier so kostbare – Blumen vor dem Denkmal nieder. Ist dieser Brauch nur Tradition, wie Shenja uns sagt, oder zeigt sich hier einerseits, wie tief verwurzelt der Kommunismus im Leben des Volkes ist, und andererseits, wie stark religiöse Bräuche aus dem kirchlich-orthodoxen Bereich mit veränderten Inhalten, aber gleichen Formen abgefärbt haben? (»Die Götter verändern sich, die Bräuche bleiben.«)

Auf der Weiterfahrt präsentiert unsere Dolmetscherin die Sehenswürdigkeiten der Stadt: die Lenin-Universität mit 21 000 Studenten, das Denkmal von Janka Kupala, dem belorussischen Volksdichter, das Wohnhaus, in dem 1898 der erste Parteitag der Sozialdemokratischen Partei Rußlands stattfand. Heute hat die kommunistische Partei 19 Millionen Mitglieder, in Belorußland sind es 700 000. Für Shenja ist es eine Auszeichnung, Mitglied der Partei sein zu dürfen.

Spuren des Krieges

Auf dem Siegesplatz begegnet uns zum zweiten Mal der Krieg in einer eigenartigen Verschränkung von Erinnerung und Vergegenwärtigung der Vergangenheit. Vor der Siegessäule halten junge Pioniere mit Waffen Wacht. Es sind ausgezeichnete Oberschüler, die hier stehen dürfen. An beiden Seiten sind die Namen der 14 Heldenstädte und -plätze in Stein gehauen. Monumentale Plastiken an der Säule zeigen – im Stil des sozialistischen Realismus – Szenen aus dem Krieg: Hunger, Gram, den Kampf der Partisanen. Ringsherum ein Trubel von Brautpaaren (es ist Samstag!), die sich auffallend ernsthaft postieren, um fotografiert zu werden – und nach dem Foto ausgelassen lachen. Es ist schon ein merkwürdiges Bild, wie sich die bewaffneten Jugendlichen mit den versteinerten Blicken mischen mit den weißen Brautkleidern und schwarzen Anzügen der Festgesellschaften. Dies alles kann doch nicht nur hohle Fassade, gesellschaftliches Brimborium sein! Vielmehr habe ich das Gefühl, daß die Zeremonien in einer tiefen Dankbarkeit gegenüber den Großvätern und Großmüttern wurzeln, die die Last des Krieges getragen haben. Der Krieg hat die Menschen in einer Leidens-, aber auch in einer Siegesgeschichte zusammengeschlossen. Der gemeinsame Kampf gegen den Faschismus und schließlich der Sieg über ihn begleiten noch heute die Lebensvollzüge der Familien, die Rituale und Erinnerungen sind selbstverständliche Bestandteile der Identität des Volkes, aber auch der Biographie jedes einzelnen.

An der Siegessäule unsere erste Begegnung mit einem Veteranen, Jahrgang 1922, der seinen Enkel an der Hand führt. Der mag etwa zehn Jahre alt sein. So also wird die Geschichte von Generation zu Generation weitergegeben! Er spricht uns an, fragt, woher wir kommen. Als er »Bundesrepublik Deutschland« hört, schießen ihm Tränen in die Augen. Er erzählt spontan, wie er den Beginn des Krieges miterlebt hat, berichtet von seinen Erfahrungen bei der Armee und den Grausamkeiten des Krieges; »schrecklich gefroren« habe er im ersten Kriegswinter. Fast flehentlich beschwört er den Frieden zwischen unseren beiden Völkern, wünscht uns Glück zu unserem Versuch, die Spuren der Vergangenheit aufzusuchen. Wir sind aufgewühlt von dieser unvermittelten Konfrontation. Nichts ist zu spüren von Haß oder Aggressionen. In seinem Gesicht stehen die miterlebten Ängste und Leiden geschrieben. Auch über 40 Jahre haben keine Distanz zu den schrecklichen Erfahrungen geschaffen. Erinnerungen drängen an die Oberfläche, brechen sich in Gefühlen Bahn. So habe ich mir meine Begegnung mit einem »Feind« nicht vorgestellt. So voller Sehnsucht nach Frieden. Diese Menschen brauchen keine Friedensappelle von »oben«, sie wissen, was Krieg bedeutet.

Wie haben Menschen den Kriegsbeginn in Minsk erlebt? Pjotr Aleksandrowitsch Lidow, geboren 1906 in Charkow, gefallen 1942, erzählt von der Flucht aus dem brennenden Minsk:

Menschen gehen durch die nächtlichen Straßen. Eine Menge Menschen. Wie Gebirgsbäche fließen sie abwärts in ein Flußbett – zum Ausgang auf die Mogilewer Chaussee. An den Händen der Mütter, auf den Schultern der Väter – Kinder. Manche fahren ihre Kinder in Wagen, andere halten die ganz Kleinen an der Hand. Sie führen auch Ziegen und Kühe mit sich. In den Händen und auf dem Rücken trägt jeder, was ihm zuletzt in die Hand fiel, den Pelz, die Katze, einen Sack mit Mundvorrat, einen Topf mit Blumen. Manche fahren ihre Habseligkeiten auf Karren. Nur langsam überholen die Lastwagen die Menge. Sie werden bestürmt, man bittet, mitgenommen zu werden, hängt sich hinten an, fällt herunter. Manche Lastwagen sind zum Brechen voll mit Menschen beladen. Das sind die Glücklichen, sie müssen nicht zu Fuß gehen.

Wir sahen Menschengruppen, die ununterbrochen aus dem Dunkel auftauchten. Sie gingen an uns vorbei, durch Pfützen watend, und verschwanden sofort im Nachtnebel. Sie waren bereits einige Stunden unterwegs, gewöhnt an den Fußmarsch, eingelebt in den großen Weg. Sie gingen jetzt ohne Eile und sprachen von gewöhnlichen Alltagsdingen, mit einem Wort, sie hatten die Gefahr schon überwunden, und die Schrecken des gestrigen Tages waren irgendwo weit hinten geblieben. Der Westen war hell erleuchtet vom purpurnen Feuerschein des brennenden Minsk, und im Osten breitete sich die Morgenröte aus.

Wohnen und Leben in Minsk

Auf der Rückfahrt zu unserem Hotel fahren wir durch ausgedehnte Neubausiedlungen. Überall treffen wir in diesen Stadtrandsiedlungen auf acht-, zehn- oder zwölfstöckige Betonsilos. Auf den ersten Blick wirken sie genauso trostlos wie die Schlaf- und Trabantenstädte unserer Großstädte. Aber dann sehen wir, daß viele Balkons regelrecht zugewachsen sind mit Blumen und Ranken. Und, noch wichtiger: Zwischen den Häusern ist viel Platz, richtige kleine Wälder sind angelegt worden, manchmal durchfließt ein Bach oder ein Fluß die Siedlung. Wir erfahren, daß 80% der Bevölkerung eine eigene Wohnung haben, für die restlichen soll ein gigantisches Bauprogramm bis 1995 Wohnraum schaffen. Shenja schildert die ungeheuren Schwierigkeiten, nach den Zerstörungen des Krieges die Stadt wieder aufzubauen. Lange, allzulange mußten die Familien auf engstem Raum in Gemeinschaftswohnungen miteinander leben. Denn natürlich mußte zunächst die Industrie angekurbelt werden, die Landwirtschaft brauchte Mittel und Kräfte. Und es gab keinen Marshallplan und keine Carepakete. Im Gegenteil: Der kalte Krieg forderte enorme Sicherheitsanstrengungen und band finanzielle Mittel. Erschwerend kam hinzu, daß die Stadt in den zurückliegenden 40 Jahren förmlich explodierte. 1,5 Millionen Menschen brauchten Wohnungen. Insgesamt wurden in der Sowjetunion in den letzten 30 Jahren 65 Millionen Wohnungen gebaut. Wir ahnen, welche Leistungen in diesem Wiederaufbau stecken. Unsere Maßstäbe – aus der Perspektive deutscher Eigenheimbesitzer – taugen nicht. Die kritischen Fragen nach sozialer Vereinsamung in den Wohnsilos, nach Kriminalität und Suizidrate bleiben uns im Hals stecken. Was sollen sie hier, wenn alle Anstrengungen zunächst einmal darauf gerichtet waren, daß Menschen ein Dach über dem Kopf haben und menschenwürdig untergebracht sind!

Vor einem Laden sehen wir eine Menschenschlange. Es mögen 100, 200 Leute sein – ein Ergebnis der energischen Antialkoholpolitik Gorbatschows! Nur bestimmte Läden dürfen noch Wodka führen, nur an bestimmten Zeiten geben sie den mittlerweile stark verteuerten Wodka aus.

Was wird gegen die Volkssucht Nr. 1 in unserem Land getan? Immerhin wird in der SU nur 6,4 l Alkohol pro Kopf konsumiert, in der BRD aber fast doppelt soviel, nämlich 12,2 l!

Wir fahren zurück zum Hotel. Unterwegs erzählt uns Shenja weitere Einzelheiten über den Lebensstandard der Bevölkerung.

Der Durchschnittslohn beträgt 210 Rubel, dazu kommen bei Sollerfüllung 25–40% Prämien. 10% werden als Lohnsteuer abgeführt. Das durchschnittliche Familieneinkommen beläuft sich auf 407 Rubel. Seit 1940 sind die Realeinkommen bei den Arbeitern um das 4,5fache, bei den Bauern um das 8fache gestiegen. Es wird ein 13. Monatsgehalt und Urlaubsgeld gezahlt. Außerdem gibt es staatliche Zuschüsse entsprechend der Kinderzahl. Auch alleinstehende Mütter bekommen Kindergeld. In Belorußland hat eine Familie durchschnittlich zwei Kinder, in Kasachstan aber vier bis fünf Kinder. Für schwangere Frauen, die sich für eineinhalb Jahre der Kinderbetreuung widmen wollen, wird eine Arbeitsplatzgarantie und Kinderpflegegeld gewährt. Die Inanspruchnahme des Gesundheitssystems ist kostenlos. Die Rente wird nach Dienstjahren berechnet, die niedrigste Rente beträgt 40 Rubel, die höchste 132, Armeeangehörige sind von der Höchstbegrenzung ausgenommen. Das Rentenalter beginnt mit 60 Jahren bei Männern, mit 55 bei Frauen.

Die durchschnittliche Arbeitszeit beträgt (ohne Landwirtschaft) 40,5 Stunden, im Bergbau nur 33,8 Stunden in der Woche. Die durchschnittliche Urlaubszeit liegt bei 22 Tagen.

Die Zahlen und Daten rauschen an mir vorbei. Was kann man aus ihnen herauslesen? Womit soll man sie vergleichen? Auch hier fehlt mir noch die konkrete Anschauung des Alltags der Menschen, die hier wohnen. Klar ist nur, daß unsere touristische Hotelperspektive – Wechselkurs 1 : 3 – nicht ausreicht. Aber auch die mitgebrachte Meßlatte »Was kann man kaufen, und wie teuer ist es?« erweist sich als wenig ergiebig. Denn gemessen an den Preisen für einen Farbfernseher – 600 bis 700 Rubel –, ist das Einkommen und erst recht die Rente verschwindend gering. Nimmt man aber die Mietpreise – pro qm werden 14–16 Kopeken, also 42–48 Pfennige berechnet – oder die Gaspreise (½ Kopeke/KWh), dann sieht der Vergleich wieder ganz anders aus. Mich überrascht, daß russische Familien für Miete inkl. Gas, Strom und Heizung nicht mehr als 3–4 % des Familieneinkommens ausgeben. Mit fünf Kopeken kann man per Bus oder U-Bahn so weit fahren, wie man will. 1 kg Roggenbrot kostet 16 Kopeken, 1 kg Kartoffeln 10 Kopeken, 1 kg Fleisch 1,8–2 Rubel. Nicht der Markt bestimmt, wieviel man für bestimmte Produkte herausschlagen kann; hier werden politische Rahmenbedingungen gesetzt, die darauf zielen, die lebensnotwendigen Grundbedürfnisse jedes Menschen zu garantieren. Niemand soll hungern müssen, jeder soll sich auf die Solidarität des Kollektivs verlassen können. Eine völlig andere Philosophie als in der Bundesrepublik: »Leistung muß sich wieder lohnen. Wer hat, dem wird gegeben.« Angesichts von weit über zwei Millionen Arbeitslosen haben wir wahrlich keinen Grund, verächtlich auf den Sozialismus herabzublicken. Und umgekehrt: Wird es der Perestroika gelingen, dieses System so leistungsfähig und attraktiv zu machen, daß es eine unausweichliche Herausforderung für die kapitalistischen Staaten darstellt?

Der erste halbe Tag hat unsere Kräfte arg strapaziert. Vielleicht wäre weniger mehr gewesen. Aber es könnte auch sein, daß wir nun mit größerer Gelassenheit darangehen können, all die Informationen mit Leben und Anschauung zu füllen. Beim Mittagessen erwartet uns wieder eine Überraschung: es ist ein Vegetariertisch eingerichtet worden. Unser Wunsch hatte zwar zunächst nur Kopfschütteln geerntet, denn fleischlose Mahlzeiten sind offenbar hier völlig unüblich. Aber dann ging es eben doch. Freilich sind die Vegetarier auch nicht gerade zu beneiden: Ihnen werden delikat zubereitete Pilze serviert – allerdings womöglich aus der Gegend von Tschernobyl. Mit einem kritischen Kommentar geht dieser Teil unserer Mahlzeit (leider) wieder zurück.

In einer anderen Welt: 1000 Jahre Kirche

Für den Nachmittag ist ein Gespräch mit Vertretern der russisch-orthodoxen Kirche vorgesehen. Angekündigt ist uns der Metropolit von Minsk und Belorußland, Filaret, Leiter des Außenamtes der Kirche. In Begleitung unserer Dolmetscherin, die sich über unsere unerschöpfliche Wißbegierde zu wundern beginnt, machen wir uns zu Fuß auf den Weg. Eine halbe Stunde später werden wir in einem etwas steifen, aber würdevollen Begrüßungsritual von Vater Michael, dem Erzpriester der Stefanuskirche, und einigen weiteren Priestern und Diakonen empfangen. Dieses Ritual ist offenbar unumgänglich: Ich lerne, daß es hier in der Sowjetunion Formen gibt, die zu respektieren sind. Es geht nicht so hemdsärmelig zu wie bei ähnlichen Gelegenheiten bei uns.

Wir sind zunächst recht verunsichert, wissen nicht, wie wir uns verhalten sollen, und trotten hinter dem Empfangskomitee her zur Kirchenbesichtigung. Am Eingang der in leuchtendem Weiß gestrichenen Kirche stehen und sitzen eine Reihe von älteren Frauen und Männern, die Spenden einnehmen – Geld und Naturalien – oder andere kirchliche Aufgaben wahrnehmen. Es riecht nach Weihrauch. Im Innenraum dann eine Prachtentfaltung, die mich gefangennimmt. In dieser Kirche ist die 1000jährige Geschichte des Christentums in Rußland präsent. Sie spiegelt das ungebrochene Selbstbewußtsein der russischen Orthodoxie, die den »wahren christlichen Glauben« seit der byzantinischen Ära der Kirche rein bewahrt haben will. Ich fange an zu begreifen, weshalb unsere Gastgeber auf ihre Kirche so stolz sind.

Die Konzentration des evangelisch-reformierten Kirchenraums auf das Wort und das Hören ist hier ersetzt durch das Bild und das Sehen. Es funkelt und glitzert, Gold schimmert, wohin man blickt; die Bilderwand (Ikonostase) vor dem Altarraum läßt das Mysterium ahnen, das sich im Gottesdienst auf die Erde senkt. Hier herrscht nicht nur eine andere Frömmigkeit als in meiner reformierten lippischen Landeskirche, hier begegne ich einer anderen Welt, die mich um Jahrhunderte zurückversetzt. Es ist, als sei die Zeit stehengeblieben. Eine eigentümliche Mischung aus Faszination und mißtrauischer Abwehr spüre ich in mir, ohne daß ich sagen könnte, was diese Reaktionen auslöst. Was mag in den russischen Gottesdienstbesuchern vorgehen, wenn sie aus ihren einfachen Lebensverhältnissen heraustreten und in dieses Gleichnis des himmlischen Reiches eingehen? Einige besonders wertvolle Ikonen werden gezeigt, darunter die Maria von Minsk, die vor dem 16. Jahrhundert ihren Platz in Kiew hatte, aber durch ein Wunder auf dem Flußweg nach Minsk gekommen ist. Vater Michael hat eine schlichte, undistanzierte Haltung zu seinen Ikonen; als ich ihn bitte, die Symbolik einer Ikone zu erläutern, ist er dazu nicht imstande, sondern kann nur den gottesdienstlichen Bezug erzählen. Er scheint mit seiner Kirche in einer ganz anderen Weise verbunden zu sein als wir mit unseren Predigtkirchen. In der Krypta sehen wir das Taufbecken. Hier finden an jedem Sonntag ca. 100 Taufen statt.

Im Kellerraum ist ein Empfang vorbereitet: Äpfel und Pralinen. Alle sitzen gedrängt wie Heringe an einem langen Tisch. Wir haben zu Hause ein Vorstellungspapier erstellt und es ins Russische übersetzen lassen. Shenja liest es vor.

Wir sind eine Gruppe von Christen aus der Bundesrepublik Deutschland, aus Nordrhein-Westfalen. Wir reisen in die UdSSR, weil wir Brücken der Verständigung mit den Völkern der Sowjetunion bauen wollen. Wir sind ein Teil der Friedensbewegung in der Bundesrepublik und haben uns in den vergangenen Jahren intensiv für Schritte zur Abrüstung eingesetzt.

In unserer Friedensarbeit haben wir immer wieder die Erfahrung gemacht, daß das Feindbild gegen die Sowjetunion und der Antikommunismus tief verwurzelt sind. Dieses Feindbild rechtfertigt Rüstung. Dieses Feindbild verhindert die Völkerfreundschaft und die Bildung von Vertrauen. Beides ist für den Frieden notwendig.

Wir haben erkannt, daß dieses Feindbild gegen die Sowjetunion wesentlich mit unserer schuldbeladenen Geschichte zusammenhängt. Wir und unser Volk haben verdrängt und vergessen, daß es den Überfall Hitlers auf die Sowjetunion und seinen Vernichtungskrieg gegen Rußland mitgekämpft und mitgetragen hat. In Erinnerung gehalten wurde nur die Niederlage der Deutschen und die leidvolle Vertreibung nach dem Krieg. Vergessen und verdrängt aber sind die Schuld und das unermeßliche Leid von über 20 Millionen Kriegsopfern, das Deutschland über die Sowjetunion gebracht hat.

Wir wissen aus der Bibel, daß das Geheimnis der Versöhnung die Erinnerung ist. Nur wer seine Geschichte, auch seine Schuldgeschichte kennt, wiederholt nicht die Fehler seiner Vergangenheit. Deshalb haben wir uns seit drei Jahren damit beschäftigt, diese verdrängte Geschichte der Schuld an den Völkern der Sowjetunion aufzuarbeiten und in Erinnerung zu rufen. Viele von uns sind in ihrer Wohngemeinde den verwischten Spuren dieser Geschichte nachgegangen. Vergessene Massengräber, ehemalige Gefangenenlager, Stätten der Ausbeutung von Kriegsgefangenen in der Rüstungsproduktion, Außenstellen von Konzentrationslagern sind dokumentiert worden. Mit Gedenkfeiern haben wir versucht, an das Grauen zu erinnern. In Gesprächen und Erzählungen haben viele Menschen angefangen, sich dieser Schuldgeschichte zu stellen.

Der Schuldgeschichte wollen wir auch hier in Minsk auf die Spur kommen. Wir, Teilnehmer am Rußlandfeldzug, Mütter, Kinder und Enkel gehen einen Weg zur Verständigung und Versöhnung, wenn wir uns dieser Geschichte vor Ort stellen. Wir wollen die Opfer, ihre Kinder und Enkel kennenlernen. Wir wollen mit eigenen Augen sehen und von Ihnen mit eigenen Ohren hören, was gewesen ist. Wir wollen Eindrücke sammeln und dann in unserem Land, zu Hause berichten. Hören Sie dabei unsere stille Bitte um Verzeihung mit.

Wir wollen aber nicht nur zurückblicken. Wir haben nur einen Planeten als gemeinsamen Lebensraum. Frieden ist die Bedingung dafür, daß wir gemeinsam auf dieser Erde überleben werden. Deshalb wollen wir mit Ihnen ins Gespräch kommen und darüber

- wie durch Abrüstung und Vertrauensbildung der Frieden auf dieser Welt gefördert und gefestigt werden kann;
- wie die Gerechtigkeit verwirklicht und wie das Leben aller Menschen auf dieser Erde menschenwürdig gestaltet werden kann;
- wie wir unsere Lebensgrundlagen bewahren und schonen können, im besonderen wie wir vom Irrweg der Atomtechnologie loskommen und die bedrohliche Schädigung unserer Umwelt durch einen kurzsichtigen technischen Fortschritt verhindern können.

Wir möchten mit Ihnen Kontakt aufnehmen, weil das, was die Bibel mit Schalom, mit Frieden und Ganzheit meint, nur mit allen Menschen auf dieser Erde verwirklicht werden kann (im Auszug wiedergegeben).

Die Priester hören gespannt zu. Zum ersten Mal merken wir, wie eine kleine Brücke gebaut wird. Vater Michael bedankt sich. Mitgebrachte Geschenke werden übergeben, Bibeln, Heiligenbilder, Schallplatten, Ansichtsbände. Wir haben wieder Probleme mit der Geschenksituation, schießen weit über das Ziel hinaus. Die Attitüde des reichen Onkels aus dem Westen, die wir unbewußt und spontan einnehmen, irritiert nicht nur die Gastgeber, sondern (glücklicherweise) auch uns. Gut, daß wenigstens nichts von dem Fotokopierer erzählt wird, den unsere Kirchenleitungen für die Diözese spenden wollen.

Die Vorstellung hat länger als erwartet gedauert. Der Abendgottesdienst beginnt in wenigen Minuten. Deshalb wird das gewünschte Gespräch auf den Sonntag verlegt.

Nach dem Ende unseres Besuches denke ich noch einmal über die Geschenksituation nach – ein sensibler Bereich, auf den wir uns nicht genügend vorbereitet haben. Gleich bei unserer ersten »Kontaktaufnahme« haben wir gemeint, unsere Partner mit Geschenken überschütten zu müssen. Kompensieren wir dadurch nur Schuldgefühle, oder übertragen wir Touristikerfahrungen aus anderen Ländern nun auf die neue Situation? Vielleicht liegt es aber auch nur daran, daß wir in den Kategorien der Warengesellschaft zu denken gewohnt sind und allzuschnell die Gleichung anwenden: Je sympathischer, desto mehr Waren gehen über den Tisch. Könnte es sein, daß diese Haltung als Beleidigung empfunden wird? Schon auf dem Bahnsteig steckte jemand dem Gepäckträger einen Rubel zu; er reagierte abwehrend, so, als wollte er deutlich machen, daß sich dies mit seinem Berufsethos nicht vertrage. Ob diese Haltung sich verändern wird, wenn mehr Touristen nach Belorußland kommen?

Szenenwechsel: Erkundungsgang in der Stadt

Wir drängen darauf, einen ersten Gang durch die Altstadt zu machen, die sich gleich an die Kirche anschließt. Dürfen wir das? Muß Shenja mitgehen? Schon wieder melden sich die Holzschnittbilder. Shenja lacht uns aus, als wir unsere Bedenken vortragen. »Natürlich, gehen Sie, wohin Sie wollen!« Ein paar nützliche Tips zum Busfahren, ein Hinweis auf Taxen und Privatwagen, die häufig auf Haltezeichen Passanten gegen Mitfahrgeld mitnehmen – dann geht es los. Die Altstadt wird gerade sorgsam restauriert. In ein, zwei Jahren wird sie ein Schmuckstück sein. Auf dem Lenin-Prospekt, der Hauptstraße, drängeln sich die Menschen. Die Gebäude an der Straße erinnern an klassizistische Bauten. Ausnahmslos in einer monumentalen Bauweise, mächtige Fassaden, alle vielstöckig. Fast alle Häuser mußten nach dem Kriege wiederaufgebaut werden; man hat deutsche Kriegsgefangene dazu herangezogen, die als Spezialisten galten. Wenigstens ein kleines Stück der von ihnen hinterlassenen Zerstörung konnte so wiedergutgemacht werden. Gegenseitig machen wir uns auf unsere Beobachtungen aufmerksam, schlendern durch eine Ladenpassage mit vielen einzelnen Verkaufsständen, kaufen ein Eis. Vor dem Kaufhaus Gum stehen kleine Buden; Menschentrauben umringen die Verkäuferinnen. Schade, Zeit für das Abendessen! Wir kehren zum Hotel zurück.

Nach dem Abendessen fahren wir mit der Taxe – 43 Kopeken – noch einmal in die Stadt. Für russische Verhältnisse ist es schon sehr spät um 22 Uhr. Es spielt sich nicht mehr viel ab, die Geschäfte sind geschlossen, es ist dunkel. Die Stadt macht nun einen düsteren Eindruck. Auf dem zur Fußgängerzone erklärten Lenin-Prospekt flanieren viele Leute. Aber sie werden wohl nur dort sein, um dieses für Minsk neue Experiment auch mal auszuprobieren. Restaurants und Kneipen gibt es nur sehr wenige, und auch die schließen schon um 23 Uhr. Unwillkürlich vergleichen wir mit dem abendlichen Leben in unseren Großstädten. Natürlich fällt der Vergleich miserabel für Minsk aus. Oder spielt sich etwa hier Kommunikation abends nicht auf der Straße, in Kneipen und Restaurants ab, sondern zu Hause, bei Freunden und Verwandten? Mir kommt ein Zeitungsausschnitt in den Sinn: Eine deutsche Reisegruppe schildert Minsk aus der Perspektive bierdurstiger Germanen, die vor einem »trostlosen Schuppen« vergeblich um ihr lebensnotwendiges Gesöff anstehen. Klar, daß der Urlaub gründlich versauert war. Klar?

SONNTAG, 23. AUGUST

Himmel auf Erden: Im orthodoxen Gottesdienst

Strahlender Sonnenschein. Heute stehen eine Reihe von Begegnungen auf dem Programm. Ich bin gespannt auf den Gottesdienst in der russisch-orthodoxen Kirche. Er beginnt um 10 Uhr. Als wir hastig in letzter Minute eintreffen – wie sollte es bei Protestanten anders sein –, ist die Kirche gedrängt voll. Ganz hinten finden wir Platz. Sehr viel ältere Frauen sind da, kleine, in Kopftücher gehüllte, in tiefe Andacht versunkene Babuschkas stehen um uns herum, manche haben ihre Enkelkinder mitgebracht. Aber es sind auch jüngere Leute zu sehen, vor allem Eltern, die ihre Kinder zur Taufe bringen werden. Einzelne Gottesdienstbesucher nähern sich ehrfürchtig zunächst einer Ikone, bekreuzigen sich, knien nieder, verharren dort im Gebet, betasten und küssen die Ikone. Andere beugen sich auf den Fußboden nieder, neigen ihre Stirn auf den Boden und beten. Manche bleiben nur einen Augenblick, andere harren lange aus. Es scheint so, als gestalte jeder seinen eigenen Gottesdienst.

Über der Gemeinde liegt ein gesammelter Ernst. Wir verfolgen das Drama vor unseren Augen mit einem Liturgiebüchlein. Eine fremde Welt, die uns in den Bann schlägt. Ich erinnere mich an die Gründungslegende der russisch-orthodoxen Kirche:

In der ältesten russischen Chronik, die der Kiewer Mönch Nestor im 12. Jahrhundert schrieb, wird erzählt, wie es zur Einführung des Christentums in Rußland kam. Fürst Wladimir von Kiew, der sein Volk in die christliche Völkerfamilie eingliedern wollte, konnte sich nicht entscheiden, welchen Glauben er und sein Volk annehmen sollten. So sandte er zehn tüchtige und verständige Männer aus, die den Glauben der Nachbarvölker erkunden sollten. Sie kamen zuerst zu den Bulgaren. Doch bei ihnen fanden sie viele Verneigungen in der Moschee, aber keine Freude. So gingen sie zu den Deutschen. Hier beobachteten sie viele Gottesdienste, aber sie sahen keine Schönheit. Dann gingen sie nach Konstantinopel zu den Griechen, und von dem, was sie dort erlebten, kamen sie voller Freude und überwältigt zurück. »Und wir wissen nicht, ob wir im Himmel waren oder auf der Erde. Es gibt auf der Erde keinen solchen Anblick und solche Schönheit, und wir sind nicht imstande, es zu erzählen. Nur das wissen wir, daß Gott dort mit den Menschen ist. Und ihr Gottesdienst ist besser als der aller Länder, denn wir können diese Schönheit nicht vergessen.« Als Fürst Wladimir dies von den Boten hörte, entschied er sich für den Gottesdienst nach griechisch-orthodoxem Ritus und ließ sein Volk am Ufer des Dnjepr taufen. Dies geschah im Jahr 988, vor 1000 Jahren.

Im Mittelpunkt steht der Erzpriester. Er hat dieselbe Haube auf, die auf dem Bild hinter ihm Christus, der Weltenherrscher, trägt. Der ganze Gottesdienst vollzieht sich unter den himmlischen Gesängen der Chöre auf der Empore, eine mystische Welt wird vor uns zelebriert, die ihren Höhepunkt in der Schließung der Türen der Ikonostase findet, hinter der die Priester die Eucharistie feiern. Der Himmel senkt sich auf die Erde, die Menschen werden der Theopoiesis, der Gottwerdung, nähergebracht. Erst nach einer langen Predigt, bei der die Türen das Geheimnis verbergen, nehmen nun auch die Gläubigen die Gaben der Eucharistie ein. Sie werden mit einem Löffel gereicht – wohl aus Furcht, das Heilige zu berühren. Wein und Brot sind gemischt. Streng sind die Beichtbräuche: Nebenan nimmt ein Priester die Beichte ab, man bringt seine Naturalgaben und kehrt erst dann in den Hauptraum zur Eucharistie zurück. Mehrfach werden wir angesprochen: wir verhalten uns offenbar an einigen Stellen falsch; eine Frau aus unserer Gruppe steckt harmlos eine Hand in die Tasche und wird prompt gerügt, andere werden energisch ermahnt, nicht zu reden. Schließlich reagieren Frauen fast aufgeregt, als einer von uns die Hände auf dem Rücken verschränkt; vielleicht wird dies als lästerliche Geste gedeutet? Es wäre gut gewesen, wenn wir uns vorher intensiver mit orthodoxer Frömmigkeit, Theologie und Liturgie beschäftigt hätten. Nach dreieinhalb Stunden ist der Gottesdienst vorbei. Zusammen mit einigen anderen dürfen wir in der Krypta bei den Taufen zusehen. Es geht zu wie am Fließband, ein dichtes Gedränge herrscht, Väter, Mütter, viele schreiende Kinder und natürlich die unvermeidlichen Babuschkas. Shenja erklärt, die Taufe sei eine verbreitete Tradition, die viele mitmachen, auch wenn sie von der Kirche sonst nicht viel halten. Wie bei uns ...!

Nicht wie bei uns: die Lebendigkeit der Gemeinde im Gottesdienst. Besonders beeindruckt haben mich die Großmütter, die die Kinder heute wie vor hundert Jahren in das Leben der Kirche einführen. Sie zeigen ihnen die Heiligenbilder, die Kerzen, sprechen ihnen die Worte der Liturgie vor, singen mit ihnen. Diese Frauen sterben nicht aus. In ihnen lebt diese Kirche. Worin lebt unsere Kirche?

»Perestroika ist ein Wort der Bibel«

Um 14 Uhr dann endlich das Gespräch mit Vater Michael – der Metropolit ist in Moskau. Im Amtszimmer thront Michael recht würdevoll vor seinem Schreibtisch, assistiert von einem jungen, sympathischen und – wie sich später herausstellt – auch recht kritischen Priester. Die Gruppe wirkt noch sehr unsicher. Wir müssen uns in das Frage-und-Antwort-Spiel erst noch einüben.

Frage: Was hat der Gottesdienst mit dem Leben der Gläubigen zu tun?
Antwort: Jeder Gläubige bringt seine Probleme mit in den Gottesdienst, er erhält Lehren für sich selbst und seinen Umgang mit anderen. Der Glaube soll Früchte tragen, vor allem im Blick auf den Nächsten. Die Tradition der orthodoxen Kirche sagt, daß das geistliche Leben sich in der Kirche abspielt, im Gottesdienst, das alltägliche Leben ist dagegen sekundär. Das Evangelium spricht davon, daß Jesus seine Jünger wie Schafe unter die Wölfe sendet. Der einzelne Gläubige soll seine Entscheidungen im Alltag selbst treffen in eigener Verantwortung.
Frage: Sind das nicht zwei getrennte Welten für die Gläubigen, die nichts miteinander zu tun haben?
Antwort: Als Gläubiger steht jeder in beiden Welten, er kommt dabei auch in Konfliktsituationen. Die Kirche ist aber die Gestalt der künftigen Welt, sie will die gegenwärtige Welt umwandeln in die künftige.
Frage: Welche Konfliktsituationen treten z. B. bei Jugendlichen auf?
Antwort:: Es gibt oft keine religiöse Tradition in den Familien; auch aus solchen Familien kommen Jugendliche aber in die Kirche. Warum? Die Kirche bietet ihnen etwas, was sie sonst nirgendwo bekommen können, die Besinnung und Versenkung in das Heilige.
Frage: Gibt es so etwas wie ein gesellschaftlich-politisches Wächteramt der Kirche?
Antwort: Die Gläubigen wissen selbst Bescheid, sie interessieren sich, nehmen Stellung, jeder für sich.
Frage: Wie verhalten sich Priester und Laien zueinander?
Antwort: Laien beteiligen sich als Gläubige, im Gebet, im Chor. Frauen sind vom Priesteramt ausgeschlossen. Sie können auch als Diakonisse nur untergeordnete, aber keine gottesdienstlichen Aufgaben wahrnehmen.
Frage: Wie viele Mitglieder gehören zu Ihrer Gemeinde?
Antwort: Es gibt keine Registrierung der Mitglieder. Auch bei der Volkszählung in der Bibel sind nur Maria und Josef erfaßt worden. Alle anderen »sind registriert bei Gott«.
Frage: Hat die Kirche missionarische Ziele?
Antwort: Nein, aber die Tür ist offen.
Frage: Warum ist in der Kirche Christus so selten in einer Kreuzesdarstellung zu sehen?
Antwort: Wir kennen in unserer Tradition Christus besonders als Sieger; dabei handelt es sich um eine eschatologische Sicht. Der leidende Christus hat vor allem zu tun mit dem inneren Leben der Gläubigen.

Frage: Wie hat sich die Kirche in der Vergangenheit und Gegenwart zum Staat verhalten? Hat sie nicht immer das jeweils herrschende System stabilisiert?
Antwort: Es hat in der Geschichte wohl immer Persönlichkeiten gegeben, die sich geirrt haben; die Kirche insgesamt aber hat sich nicht geirrt. Während der Zarenzeit ist sie vom Zar als Instrument benutzt worden, heute gibt es die Trennung von Kirche und Staat. Deshalb hat sie auch keine Tendenz zur Opposition. Manche Politiker haben offenbar noch nicht richtig begriffen, welche Bedeutung die Trennung von Staat und Kirche wirklich hat.
Frage: Hat die neue Politik Gorbatschows Auswirkungen auf die Kirche?
Antwort: Die Kirche begrüßt alle Maßnahmen, die zugunsten und zum Wohl des Volkes getroffen werden. Perestroika ist nicht nur ein Wort der Politiker. Es steht schon in der Bibel; dort bedeutet es Metanoia, Buße, Umkehr.

Das Gespräch ist wieder nur kurz, manches kann nur angerissen werden. Die Fragen sind teilweise viel zu kompliziert und deshalb nicht immer hilfreich. Wir müssen lernen, ironische Untertöne zu vermeiden, weil Shenja sie nicht übersetzen kann. Das Gespräch mündet in ein freundliches Chaos, inmitten dessen mir Vater Michael bestimmt bedeutet, daß auch eine Eintragung in das Ehrengästebuch fällig sei. Ich schreibe:

Wir sind nach Minsk gekommen, um uns an die Geschichte der Schuld erinnern zu lassen, die das deutsche Volk im 2. Weltkrieg über die Völker der SU gebracht hat. Wir möchten um Vergebung bitten und Brücken der Verständigung bauen. In Minsk haben wir die Bereitschaft gefunden, uns als Schwestern und Brüder anzunehmen. Wir danken Ihnen von Herzen für die Aufnahme in Ihrer Gemeinde.

Der Abschied ist für uns völlig unerwartet: Jeder bekommt eine langstielige Rose und eine Tischdecke. Vater Michael drückt mich an seinen Bart und sagt: Bruder. Wir sind beschämt und zugleich ergriffen von der Herzlichkeit, die uns entgegengebracht wird. Es ist doch wohl vieles übergekommen von dem, was wir hier wollen. Ich verlasse die Kirche mit zwiespältigen Gefühlen. Allzu groß ist für mich die Diskrepanz zu der gewohnten protestantischen, erst recht meiner reformierten Frömmigkeit und »Weltlichkeit«. Mir erscheint die orthodoxe Kirche wie ein vorweggenommenes Himmelreich. Sie führt inmitten dieser offiziell atheistischen Gesellschaft ein Inseldasein. Ihre Vergegenwärtigung des Heiligen bleibt mir noch fremd. Aber bei mir beginnt »ökumenisches Lernen«; die Eindrücke des Gottesdienstes, vor allem auch der Gesänge, werde ich nicht los. Ob diese Form der »Erhebung« der Gläubigen über ihren Alltag der Grund ist, warum sie die vielfachen politischen und gesellschaftlichen Widerstände der Vergangenheit überwinden konnten? Dann freilich hätte dieser Gottesdienst uns viel voraus.

»Wir sind Menschen und keine russischen Bären«: das Friedensschutzkomitee

Wir müssen uns sputen. Um 15 Uhr beginnt im Hotel das Gespräch mit den Vertretern des Friedensschutzkomitees. Die Teilnehmer sitzen schon eine ganze Weile, als wir endlich eintreffen: die alte Partisanin Ludmila Michailowa, die Geschichtsprofessorin Alina Simjonowa, der Journalist Nikolai Petrowitsch und der Professor der Medizin, Herr Alexandrowitsch.

Das Komitee stellt sich vor. Auch hier wieder das Ritual, das in diesem Fall wie eine Art Leistungsbilanz vorgetragen wird. Es ist das »Kollektiv«, das sich präsentiert, nicht der einzelne. Diese Phase kostet viel Zeit, aber sie ist unvermeidlich und auch – wenn man sich auf sie einläßt – interessant und informativ.

Aufgabe des Friedensschutzkomitees ist der »Friedenskampf«, wie es hier heißt. Grundlage dieser Arbeit ist die Verfassung der Sowjetunion, die Propaganda für Kriege verbietet. Jede Republik hat ein eigenes Komitee, das belorussische wurde 1951 gegründet. Die 135 Mitglieder des Komitees werden gewählt, das Präsidium besteht aus dem Vorsitzenden und zwei stellvertretenden Vorsitzenden. Menschen aller Altersstufen sind beteiligt. Die Arbeit des Komitees vollzieht sich in verschiedenen Ausschüssen (z. B. Ausland, Jugendliche). In den Republiken gibt es einen Friedensfond, der Geld sammelt für bestimmte Projekte. Dafür leisten Bürger z. B. unbezahlte Arbeit. Das Komitee veranstaltet Friedensmärsche, Konferenzen, Ausstellungen, läßt Plakate drucken.

Der Arzt trägt diese Informationen vor, sachlich, nüchtern, aber in einer sympathischen Weise. Sein Vortrag weckt Neugier: Was steht hinter diesen nüchternen Fakten? Warum engagieren sich Menschen in dieser Arbeit? Welche Schicksale haben sie? Welche Ziele haben sie? Herr Alexandrowitsch setzt große Hoffnungen auf die Perestroika; es gehe um einen »großen revolutionären Prozeß«, der den Frieden sicherer machen werde, sagt er. Besonders die Abschaffung der Mittelstreckenraketen sei notwendig, denn die Gefahr eines Atomkrieges müsse gebannt werden. »Ich bin Arzt. Ich habe als Arzt einen Eid abgelegt, mich für den Frieden einzusetzen. In meinem Leben habe ich viele leidende Menschen gesehen, war selbst schwer verwundet. Unser Land versteht, was Krieg ist. Jede Familie hat unter dem Krieg gelitten. Deshalb brauchen wir hier keine große Propaganda für den Frieden zu machen, alle machen mit, keiner muß überredet werden.«

Mir geht durch den Kopf, wie Ärzte, die sich in der Bundesrepublik weigern, an Übungen für den Kriegsfall teilzunehmen, diffamiert werden. Wie leicht kann man zu Hause mit der Unterstellung »verlängerter Arm Moskaus« oder mit der Aufforderung »geht doch nach drüben!« jedes Argument vom Tisch wischen! Oft nicht einmal in den Presbyterien der Kirchengemeinden vor Ort, geschweige denn durch staatliche Stellen bekommen Friedensgruppen Unterstützung. Hier in Minsk dagegen findet die Arbeit des Friedensschutzkomitees offenbar größte Resonanz, wird durch breite Bevölkerungsschichten gefördert und von herausragenden Persönlichkeiten getragen. Oder meinen wir vielleicht doch nicht dasselbe, wenn wir von der Arbeit für den Frieden sprechen?

Wir stellen uns mit unserem Papier vor. Auch hier spüren wir, wie unser Anliegen bei unseren Gesprächspartnern ankommt. Im Gespräch finden wir sehr schnell eine gemeinsame Sprache; immer dann, wenn unsere Gesprächspartner beginnen, aus ihrem Leben und Erleben zu erzählen, wird das Gespräch ganz dicht, merken wir, daß hinter ihren oft formelhaften Bekenntnissen zu Frieden und Abrüstung Erfahrungen stehen, die ihr Engagement glaubwürdig machen.

Die Geschichtsprofessorin erzählt: Als Kind im Alter von vier bis sechs Jahren hat sie den Krieg miterlebt. Die Eltern wurden verhaftet wegen Partisanentätigkeit. Zwei ihrer Brüder sind umgekommen, der jüngste Bruder ist Kriegsinvalide. Sie selbst sollte in ein Kinderheim kommen, wurde aber vor den Nazis versteckt. Die Eltern konnten aus dem KZ flüchten, haben dann in einer Partisanenabteilung mitgearbeitet. Am Ende des Kriegs war Minsk völlig zerstört. Es gab keine Lebensmittel. In der Schule wurde Brot in Stücke geschnitten und mit Zucker bestreut. Die Kinder achteten sorgsam darauf, daß jeder ein gleichgroßes Stück bekam.

Frau Semjonowa hat verstanden, worum es uns geht. Auch wenn sie anfangs Schwierigkeiten mit unserem Schuldverständnis hat – Schuld ist ja keine Kategorie, in der Historiker denken –, findet bei ihr so etwas wie ein Aha-Erlebnis statt. Wir spüren: Sie freut sich, daß wir nach Minsk gekommen sind, um den Spuren der Geschichte zu folgen. Die Geschichte der Okkupation ist ihr Spezialgebiet. Sie bietet Hilfen an, macht konkrete Vorschläge für gemeinsame Seminare deutscher und russischer Studenten.

Für mich ist es wie eine ausgestreckte Hand, daß sie uns nicht für die Schuld der Kriegsgeneration verantwortlich macht. Wir haben gegen den Faschismus gekämpft, aber nicht gegen das deutsche Volk, sagt sie. Diese Unterscheidung wird uns immer wieder begegnen. Stalin hat sie schon zu Beginn des Krieges getroffen. Aber sosehr uns diese Unterscheidung hilft, eine Brücke zwischen den Lebenserfahrungen unserer Gesprächspartner und unserem Wunsch nach Versöhnung zu schlagen, so verführerisch ist sie, weil sie wie eine globale Ent-schuldigung wirkt. Wir alle haben zur Genüge die allergischen Reaktionen auf die ewigen Nestbeschmutzer und Sühnetheologen, die das deutsche Volk in den Schmutz ziehen wollen, erfahren. Wir wissen, wie gern die gesamte Schuld des Nationalsozialismus auf Hitler abgewälzt wird. Wir kennen die verräterische Sprache, Untaten seien nur »in deutschem Namen« begangen worden. Jahrzehntelang hat man etwa die Wehrmacht mit einer reinen Weste dargestellt.

Ich versuche, Frau Semjonowa die Probleme, die wir mit der Unterscheidung zwischen Faschisten und deutschem Volk haben, zu erklären. Das deutsche Volk in seiner Mehrheit hat Hitler gewollt. In den entscheidenden Wahlen vom März 1933 hat Hitler, unterstützt von den Deutsch-Nationalen, über 50 % der Stimmen bekommen. Ich erzähle von meinem Vater und Schwiegervater. Beide waren keine Nazis, aber beide sind – wie Millionen anderer auch – in Rußland gewesen, der eine sogar in Minsk und Smolensk. Mein Vater hat – wie er mir erzählt – keinen russischen Bürger erschießen müssen. Er war nur Funker. Aber in diesem »nur« steckt die ganze Problematik dieses Krieges. »Nur« ein Rädchen in der gigantischen Kriegsmaschinerie? Aber diese Maschine konnte doch nur funktionieren, weil es so viele Rädchen gab, die alle miteinander das Verbrechen erst möglich gemacht haben. »Nur« Funker? Aber vielleicht waren es die Funksprüche, die den Tod über Hunderte oder Tausende von Menschen herbeiführten. Bei vielen, die damals in einer ähnlichen Situation waren, gibt es über diese Zusammenhänge bis heute keine Einsicht. Sie wäre notwendig, wenn es zu einer Umkehr kommen soll. Bis dahin stehen wir Jüngeren in einer Art Stellvertretung für unsere Eltern. An uns liegt es, ob uns die Menschen in der Sowjetunion glauben, daß wir Deutschen diese unselige Geschichte wirklich hinter uns gelassen haben.

Frau Semjonowa hat mich verstanden: »Ich denke auch so«, sagt sie. »Der größte Teil Ihres Volkes ist gegen die Goebbelsche Propaganda nicht immun gewesen. Er war ihr und der Faszination Hitlers verfallen. Es war eine Art Massenhysterie. Das darf auch heute nicht vergessen werden. Vor allem die Geschichtslehrer in den Schulen sollten über den Faschismus aufklären und über die verbrecherischen Ziele Hitlers. Sie sollten erklären, durch welche Kräfte Hitler an die Macht gekommen, besonders durch das Kapital wie Krupp und Thyssen.«

Herr Petrowitsch erzählt: Er ist 1936 oder 1937 geboren. Seine Eltern und seine Schwester sind von Deutschen erschossen worden. Seine Kindheit hat er in einem Kinderheim verbracht. Gut, daß er noch seinen Namen kannte. Andere Kinder sind ohne Namen, ohne Kleidung, nur in Stroh gewickelt, in dem Kinderheim abgegeben worden. Die Erzieherinnen haben den elternlosen Kindern Namen gegeben. Er erinnert sich an einen zweijährigen Jungen, der sehr aggressiv war, andere Kinder schlug. Er bekam den Namen »Lew, Löwe«. Er heißt bis heute so. Auch später hat er nie etwas über Verwandte erfahren. So wie ihm erging es Tausenden von Kindern in über 600 Kinderheimen in Belorußland, die ohne eine Identität aufwachsen mußten. Auch seine Frau kommt aus einem Kinderheim. Sie weiß nichts über den Verbleib ihrer Eltern und ihres jüngsten Bruders.

Wie muß es in Menschen aussehen, die nicht einmal wissen, wer ihre Eltern gewesen sind, deren Biographie sich im dunkeln verliert? Mir wird schlagartig klar, daß das Friedensengagement dieser Menschen tief in ihrer eigenen Lebensgeschichte verankert ist. Zum ersten Mal geht mir aber auch auf, welch anderes Verhältnis als wir die sowjetischen Bürger zur Armee haben, warum sie auf ihre Helden so stolz sind, warum auch Kinder zu Friedens- und Verteidigungsbereitschaft zugleich erzogen werden. Diese Menschen können keine »Pazifisten« in dem Sinn sein, daß sie unsere Parole »Frieden schaffen ohne Waffen« so ohne weiteres teilen könnten. Ein Frieden ohne Waffen sei zwar eine konkrete Utopie, sagt Herr Petrowitsch, aber dies sei nicht auf einmal möglich. Man müsse jetzt endlich einen Anfang machen, um in Etappen Waffen abzuschaffen und damit die gegenseitige Bedrohung zu vermindern. Es klingt ein bißchen wie »Frieden schaffen mit immer weniger Waffen«, aber wenn zwei das gleiche sagen, ist es noch lange nicht dasselbe, was sie meinen. Denn der Slogan des Bundeskanzlers Kohl war ein geschickter Versuch, die Kampagne der Friedensbewegung gegen die Mittelstreckenraketen zu unterlaufen, um gerade nicht abrüsten zu müssen.

Die andere Einschätzung der Armee bei unseren Gesprächspartnern hilft uns bei der Klärung unserer eigenen Position. Nicht nur in Deutschland, aber dort besonders, haben Militär, Waffen und Rüstung eine durchgehend nationalistisch-aggressive Geschichte. Für uns ist diese deutsche Militärtradition zutiefst fragwürdig geworden, auch wenn sie heute in einem anderen politischen Kontext steht. Gegenüber der geballten militärischen Macht in unserem Land bleiben wir skeptisch, auch wenn das Grundgesetz den Angriffskrieg verbietet und nur die »Landesverteidigung« zuläßt. Wir wissen: Die Bundesrepublik läßt sich nicht tapfer verteidigen, wie es unsere Rekruten im Gelöbnis versprechen, sondern im Ernstfall nur sinn- und verantwortungslos vernichten. Den Versuch, durch Massenvernichtungsmittel den Frieden zu sichern, können wir als Christen nicht mehr rechtfertigen. Nur wenn es gelingt, das mörderische System gegenseitiger Vernichtungsdrohung zu überwinden, haben wir eine Überlebenschance. Für viele von uns ist deshalb die Kriegsdienstverweigerung das eindeutige und heute gebotene Friedenszeugnis in der Nachfolge Jesu; in der Sowjetunion würde sie wohl weithin auf Unverständnis stoßen. Ob es im Zuge der Perestroika auch in den Ländern des Warschauer Vertrages dazu kommen wird, daß junge Menschen den Wehrdienst verweigern können?

Trotz ihrer tragischen Schicksale machen unsere Gesprächspartner nicht den Eindruck, als seien sie verbittert oder von Vorurteilen oder Haß erfüllt. Im Gegenteil: Wir spüren Offenheit, menschliche Wärme und Lebensbejahung. Die eigene Familie ist für sie sehr wichtig, ihre Kinder und Enkelkinder. Im Laufe des Gesprächs wächst das Verständnis füreinander, die Situation öffnet sich immer mehr, sie wird authentisch, alles »Offizielle« wird an den Rand gedrängt. Die alte Partisanin bringt unseren Eindruck auf den Punkt: »Wir sind Menschen und keine russischen Bären.« Genau das müssen wir lernen!

Welchen Eindruck haben wir bei unseren Gesprächsteilnehmern hinterlassen? Bewußt haben wir das übliche poltrige und arrogante Verhalten deutscher Gruppen vermieden. Wir wollten zunächst einmal zuhören und verstehen, bevor wir kritische Fragen stellten, wollten eine Vertrauensbasis schaffen, die es dann auch möglich macht, unterschiedliche Positionen zu markieren, etwa in der Frage der Menschenrechte oder des Krieges in Afghanistan. Wir wollten unsere Partner nicht in die Defensive drängen (mit welchem Recht auch?) und uns nur unsere eigenen Vorurteile bestätigen lassen. Aber sind wir in unserem Bedürfnis nach Einfühlung und Harmonie nicht doch zu weit gegangen? Haben wir nicht ein recht verzerrtes Bild unseres eigenen Landes gezeichnet? Es könnte – überspitzt formuliert – der Eindruck entstanden sein, als seien wir so etwas wie eine bundesdeutsche Untergrundbewegung, die sich in einem total militarisierten Land mühsam behaupten muß. An anderen Stellen wiederum scheint es, als hätten wir in der Friedensbewegung alle Bürgerinnen und Bürger der Bundesrepublik auf unserer Seite. Vermutlich spielen unbewußte Anbiederungswünsche bei dieser Selbstdarstellung eine Rolle. Wir müssen noch lernen, uns differenziert vorzustellen: Wir leben in der Bundesrepublik und wollen auch weiter hier leben; wir sitzen genausowenig auf gepackten Koffern wie unsere Gesprächspartner.

»Die Gnade der späten Geburt«

Mit Friedrich habe ich ein längeres Gespräch am Tisch. Die Verbindung aus miterlebter Geschichte, präziser Quellenkenntnis des Historikers und kritischem Nachdenken über den Weg Deutschlands in die Barbarei faszinieren mich. Der Krieg gegen Polen und die Sowjetunion war kein »Betriebsunfall«, keine besonders scheußliche Marotte Hitlers, sondern eine geradlinige Folge der Politik der zwanziger Jahre.

Der Versailler Friedensvertrag galt überall als ›Diktat‹ der Siegermächte des 1. Weltkrieges. Er legte auch die Ostgrenze neu fest. Nicht einmal Gustav Stresemann – Friedensnobelpreisträger, Reichskanzler und Reichsaußenminister – war bereit, diese Grenze anzuerkennen. Der Chef der Reichswehr, Generaloberst von Seeckt, forderte schon 1922: »Polen muß wieder verschwinden!« Weite Volkskreise haben Hitler zugestimmt, als er versprach, die ›Schande von Versailles‹ aus der Welt zu schaffen.

Nachdem Hitler zusammen mit der Deutsch-Nationalen Volkspartei im Reichstag die Mehrheit hatte, machte das Ermächtigungsgesetz vom 23. März 1933 den Weg in die Diktatur frei. Hinzu kam der Verfassungsbruch der Reichswehr, die ihren Eid auf die Reichsverfassung von 1919 abgelegt hatte, ihn aber nun beim Tode Hindenburgs durch den persönlichen Eid auf den »Führer und Reichskanzler Adolf Hitler« ablöste.

Von da an gab es keinen nennenswerten Widerstand mehr, da er für den einzelnen lebensgefährlich wurde.

Friedrich berichtet, wie man damals aus dem System nicht mehr herauskam, nachdem dieses sich erst einmal etabliert hatte. Die vermeintlichen Erfolge Hitlers in der Anfangszeit seien auf große Zustimmung in allen Schichten gestoßen; viele hätten sich dadurch verführen lassen.

Mir wird klar: Die miterlebte Geschichte der Väter ist nicht die Geschichte der Jüngeren. Wir haben unser historisches Wissen aus Quellen und Büchern, aber wird die so konstruierte Geschichte den tatsächlichen Geschehnissen, den Gedanken, Motiven, Situationen und dem Handeln der einzelnen gerecht? Allzu leicht setzen wir die Älteren auf die Anklagebank und tragen so zu ihrer Verstockung bei. Aber auch umgekehrt: Ist die eigene Erfahrung der Älteren nicht blind und taub für größere Zusammenhänge, haben sie nicht ein allzu eingeschränktes Gesichtsfeld, das zudem oft genug in der Rückschau verklärt und idealisiert wird?

Friedrich sagt zu mir: »Daß ihr Jungen uns mit bohrenden Fragen bedrängt, kann helfen, eine bessere Zukunft zu gestalten, aber auch nur, wenn ihr das ohne pharisäerhaften Dünkel macht. Auch euch werden nachfolgende Generationen fragen, was ihr gegen die Zerstörung der Erde und unserer Lebensgrundlagen unternommen habt.«

In der Tat: ›Die Gnade der späten Geburt‹ ist kein Ausweis der Schuldlosigkeit, sondern »unverdientes Vorrecht, nicht daraufhin geprüft worden zu sein, wie ich mich verhalten hätte« (J. Ebach), wenn ich an der Stelle der Älteren gewesen wäre. Aber könnte es nicht sein, daß die Nachgeborenen diese Gnade schon jetzt verspielt und verraten haben – jetzt, da die Zerstörung unserer Lebensgrundlagen Wirklichkeit zu werden beginnt?

Zwischenbilanz

Am Abend ziehen wir Bilanz. Die beiden ersten Tage liegen hinter uns. Unendlich fern scheint mir das, was ich noch vor wenigen Tagen zu Hause getan habe. Eine Sturzflut von Informationen, Eindrücken und Erlebnissen hat sich über uns ergossen. Vieles ist ungewohnt, widersprüchlich und überraschend. Aber wir finden uns immer besser in diesem Land zurecht, unsere Gespräche und Begegnungen nehmen an Intensität zu. Um eine kritische Reflexion unseres eigenen Verhaltens kommen wir gleichwohl nicht herum. Besondere Schwierigkeiten macht uns die Gesprächsführung in der großen Gruppe. Vielleicht ist hier durch andere Gruppen schon viel Porzellan zerschlagen worden; nur so können wir uns erklären, daß man doch einen langen Anmarschweg über Vorstellungsrituale und Leistungsbilanzen braucht, um allmählich Vertrauen zu entwickeln. An manchen Stellen haben wir offenbar unsere Gesprächspartner mit vorschnellen Fragen überfahren, ohne ihnen ausreichend Zeit zu lassen, von sich selbst zu erzählen. Oder wir haben zu komplizierte Fragen gestellt, die zwar unsere interne Friedensdiskussion spiegeln, aber gänzlich ungeeignet sind für Gespräche mit sowjetischen Bürgern. Besonders kritisch gehen wir mit unserer – deutschen? – Neigung ins Gericht, ironische Bemerkungen einzuflechten, die nur auf den Lacheffekt in unserer eigenen Gruppe zielen, aber von unseren Gesprächspartnern nicht verstanden werden. Statt dessen nehmen wir uns vor, auf den Boden der Alltagserfahrungen und der biographisch erschließbaren Erfahrungen zurückzukommen, wo immer es geht. Lieber wollen wir uns Zeit lassen für diesen Gesprächsbereich, als über viele verschiedene Probleme gleichzeitig zu sprechen. Weniger ist oft mehr.

MONTAG, 24. AUGUST

»Die Geschichte lehrt auch die Dümmsten« – *Zu Gast bei der Freundschaftsgesellschaft*

Wir machen uns auf den Weg zur belorussischen Freundschaftsgesellschaft. Im Unterschied zum Sonntag haben wir hier die offizielle Etage der Politik erreicht. Man sieht es schon am Gebäude, das mit einem imposanten, hellen Empfangssaal ausgestattet ist. Ein großer Gobelin mit dem Symboltier Belorußlands, einem Wisent auf einer Waldlichtung, bedeckt die Stirnseite des Saales. Wo gibt es das bei uns, daß Friedensarbeit in dieser Weise staatlich unterstützt und finanziert wird. Überall liegen artig Zigarettenschachteln mit der besten russischen Marke herum, Tee wird serviert (auch hier natürlich[?] von Frauen). Alles ist wesentlich steifer und »diplomatischer«, auch wenn der Vorsitzende der Freundschaftsgesellschaft, Herr Wanitzky, sich redliche Mühe gibt, uns in eine lockere Stimmung zu ver setzen. Eine lange Reihe von Gesprächspartnern wird uns vorgestellt. Ich habe nicht das Gefühl, daß es sich hier um eine eigene »Funktionärskaste« handelt. Vielmehr sind unsere Gesprächspartner eher Menschen »wie du und ich«, in verschiedenen Berufen tätig und durch ihre Funktionen nicht von anderen abgehoben. Eine Gesprächsdelegation bei uns würde wohl ähnlich aussehen. Der Vorsitzende selber war früher Kommandant in Berlin. Herr Bejdin, ein Pensionär, 69 Jahre alt, Urgroßvater, war von 45 an Mitglied des Alliierten Kontrollrates, zuständig für Jugendfragen. Außerdem wird uns der Abteilungsleiter der Gesellschaft, Herr Petrichenko, vorgestellt, dann Herr Sojona, Sekretär des Schriftstellerverbandes, schließlich weitere Mitglieder der Freundschaftsgesellschaft, darunter auch ein Soziologe und ein Mitglied des Komsomol, der beruflich als Fachmann für Roboterbau arbeitet.

Wir fühlen uns in dieser Atmosphäre unsicher. Die Begegnung mit »Kollektiven« macht uns zu schaffen. Warum? Vielleicht deshalb, weil uneingestanden im Hintergrund wieder unser Zerrbild steht: Die Organisationen dieses Systems sind sowieso nur Propagandaoberfläche, ein ›potemkinsches Dorf‹, während sich das wirkliche Leben hinter dieser Fassade abspielt? Erwarten wir nicht die »Wahrheit« erst von der Begegnung mit einzelnen, womöglich in seinen eigenen vier Wänden zu Hause, wo er uns – spitz gesagt – unbeobachtet und ohne Gefahr für Leib und Leben verraten wird, daß es mit seinem Land gar nicht gut steht? Statt dessen spüren wir, daß die Menschen als Angehörige des Kollektivs auftreten, jeder seinen Part spielt und mit dem Kollektiv übereinstimmt. Die Anforderungen an den einzelnen, sich für das Kollektiv verantwortlich zu fühlen, sind hoch. Unsere Partner machen unseren Unterschied zwischen System und Menschen nicht mit, sie identifizieren sich mit ihrem Land und wohl auch mit dem politischen System, in dem sie leben. Ob diese Identifikation im 2. Weltkrieg entstanden ist, als es für alle zusammen um Leben oder Tod und damit auch um den Bestand des sozialistischen Staates insgesamt ging? Von der Kirche weiß ich, daß dies der Punkt war, an dem sie sich als Kirche des Volkes bewährt hat und daß sie seither in einem entspannteren Verhältnis zum Staat steht.

Wie würde ein solcher Empfang bei uns verlaufen? Doch wohl auch nicht anders. Auch bei uns würde eine Hochglanzfolie geboten. Oder wäre es denkbar, daß der Detmolder Bürgermeister seine russischen Gäste in das Zentrum für Arbeitslose führt oder ihnen die verkommenen Asylantenheime zeigt?

Zunächst erfahren wir etwas über die Arbeit der Freundschaftsgesellschaften:

In jeder Republik gibt es Freundschaftsgesellschaften, die in einem Verband zusammengefaßt sind. Ihr Ziel ist es, Beziehungen zu anderen Völkern zu knüpfen und die freundschaftlichen Kontakte zu erweitern und zu festigen. Ihre Mitglieder stammen aus den wichtigsten gesellschaftlichen Organisationen (z. B. Lehrer, Komsomolzen, Universitäten, Gewerkschaften, Kirchen usw.). In den sowjetischen Gesamtverband sind 4500 bedeutende Persönlichkeiten berufen worden. In Belorußland bestehen zu 72 Ländern der Welt Kontakte. Eigens erwähnt wird die Aktion Sühnezeichen. Ausstellungen in Berlin und Minsk werden genannt (»Krieg klopft an das Herz eines jeden Menschen«). In Minsk hat eine Ausstellung zum Thema »Blick in das Leben der BRD« stattgefunden, die von 30000 Besuchern angesehen wurde.

Nach einer ersten Vorstellungsrunde teilt sich unsere Gruppe auf. Ich gehe zu Bejdin, weil mich seine Ausführungen sehr fasziniert haben. Er erzählt als Einstieg eine Anekdote von Bischof i. R. Kurt Scharf, den er nach dem Krieg wohl als entschiedenen Antikommunisten erlebt hat. Als er ihn vor einigen Jahren in Berlin wiedertraf, zeigte sich Scharf wie verwandelt. Auf seine Frage nach dieser erstaunlichen Wandlung, antwortete Scharf: »Die Geschichte lehrt auch die Dümmsten.« Dann erzählt Herr Bejdin von sich selbst:

Sein Leben hängt seit seiner Jugend mit den Deutschen zusammen. Vor dem Krieg besuchte er eine Hochschule für Außenhandel mit deutschsprachigen Ländern. Als er seine Abschlußprüfung abgelegt hatte, begann der Krieg. Er hat den ganzen Krieg mitgemacht und eine deutsche Truppe von Überläufern (dies Wort hört man nicht gern, es heißt offiziell »Antifaschisten«) als Partisaneneinheit geführt, die später in das Nationalkomitee Freies Deutschland eingegliedert wurde. Nach dem Krieg arbeitete er 12 Jahre lang im alliierten Kontrollrat mit. In dieser Funktion war er in der DDR zuständig für Jugendfragen. Schließlich war er als Lektor für politische Bildung tätig.

Wir kommen mit Bejdin ins Gespräch. Er begrüßt ausdrücklich unser Anliegen. Es gebe in der SU den Satz: »Ein ungebetener Gast ist schlimmer als ein Tatar.« »Hitler war schlimmer als die Tataren«, sagt er. Diese tiefe Verletzung ist im russischen Volk präsent. Sie kann nicht vergessen werden. Und sie wird in der Sowjetunion an die jetzt lebende dritte Generation weitergegeben. Aber Bejdin weist uns auch ausdrücklich darauf hin, daß wir über die Vergangenheit hinausgehen müssen in eine gemeinsame Zukunft. Was aus der Vergangenheit zu lernen ist, muß in der Gestaltung des gemeinsamen Hauses der Völker umgesetzt werden.
Offensichtlich ist es uns noch zuwenig gelungen, den Zusammenhang zu erläutern, der zwischen unserer Aufarbeitung der Vergangenheit und unserem Friedensengagement in der Gegenwart besteht. Diesen Zusammenhang finden wir bei unseren Partnern sozusagen spiegelverkehrt wieder. Der Blick in die Leidens- und Siegesgeschichte des Großen Vaterländischen Krieges verbindet sich mit der Friedenssehnsucht und der Bereitschaft zur Verteidigung des Vaterlandes heute.
Unser Gespräch dreht sich um Geschichte und Gegenwart, um Stalin und Perestroika, um Kriegsgefangene und Dissidenten. Schließlich fragen wir

auch nach Afghanistan. Einige aus unserer Gruppe hatten auf der Straße einen Russen kennengelernt, dessen Freund dort Soldat war. Er hat uns versichert, wie sehr dieser Krieg und die sowjetische Beteiligung von vielen Bürgern abgelehnt werden. Bejdin erklärt uns die Hintergründe, die vor allem in der befürchteten islamisch-fundamentalistischen Überschwemmung der südlichen Sowjetrepubliken zu sehen sind. Die Regierung habe damals lange gezögert zu intervenieren. Sie habe die Intervention als Fehler erkannt und sei jetzt dabei, den Krieg zu beenden, aber es bestehe offenkundig ein Interesse der USA, diesen Krieg fortzusetzen und ein islamisches prowestliches Regime einzurichten.

Eine Teilnehmerin unserer Gruppe sagt am Schluß: Wir sind gespannt, wie es bei Ihnen weitergeht. Bejdin darauf: Ich will Ihnen ein großes Geheimnis verraten: Wir auch!

Mein Eindruck: Bejdin ist ein gewiefter Politiker mit Weitblick, aber zugleich verwurzelt in seinem Volk. Er kennt unsere Situation wie seine Westentasche, hat ein beträchtliches historisches Wissen und versteht es, Westler zu »nehmen«, z. B. dadurch, daß er ihnen nichts vormacht, Dinge beim Namen nennt, aber dann auch entsprechende Interpretationen aus der sowjetischen Sicht vorträgt. Er weiß: Man kann Leute aus dem Westen nicht mit Honig abfüttern, sondern muß sich offen für Kritik zeigen. Sympathisch ist, daß er sich nicht mit ideologischen Floskeln abgibt, sondern den Typ des »Neuen Denkens« verkörpert, den man bei vielen intellektuellen Anhängern der Perestroika antrifft. Wir haben ihm gegenüber keine Frage ausgelassen.

Perestroika hier und dort?

Mich bewegt, was geschieht, wenn Gorbatschow Erfolg hat. Wenn in der Sowjetunion ein »demokratischer Sozialismus« verwirklicht wird, der sich auch wirtschaftlich durchsetzt und zu einer Verbesserung der Lebensbedingungen der Menschen in allen Bereichen führt. Wäre dieser Sozialismus nicht äußerst attraktiv für Länder der Dritten Welt? Und was wäre zu sagen im Blick auf unser eigenes parlamentarisch-demokratisches System, das seine Handlungsschwierigkeiten und auch -unfähigkeit in politischen Grundfragen ständig dokumentiert? Die Entscheidungen in unserem Land können schon jetzt nie so radikal sein, wie es nötig wäre. Was würde z. B. mit einer Regierung passieren, die dem Alkoholproblem so energisch zu Leibe rückt wie Gorbatschow? Sie könnte sich wahrscheinlich für 20 Jahre von der Regierung verabschieden. Oder ist die schwindelerregende Höhe des Drogenkonsums in der Bundesrepublik sogar politisch gewollt, zumindest aber in Kauf genommen, um die leeren Kassen mit Alkohol- und Tabaksteuern zu füllen? Vielleicht ist sie aber auch der Preis eines liberalen politischen Systems, letztlich also Ausdruck des Rechtes jedes einzelnen, sich selbst zugrunde zu richten, wie, womit und auf welche Kosten er will? Warum hat es noch keine Regierung gewagt, an ein »Tempolimit 100« heranzugehen, ganz zu schweigen von den wirklichen Überlebensfragen einer massiven Abrüstung, der Bewahrung der Schöpfung vor fortschreitender Umweltzerstörung oder des Eintretens für weltweite Gerechtigkeit? Immer stehen auf der einen Seite Befürchtungen im Hintergrund, die nächsten Wahlen zu verlieren, wenn man durchgreifende Entscheidungen trifft, auf der anderen Seite ist man ohnmächtig der fast allmächtigen Lobby der Wirtschaft ausgeliefert, die ihre Politik durchsetzt. Hier in Minsk habe ich den Eindruck, daß *in* den politischen Strukturen selbst große Chancen demokratischer Beteiligung liegen. Viele Diskussionen, die bei uns zwischen den Parteien laufen, werden in der einen kommunistischen Partei geführt. Die Mitbestimmungs- und Kontrollmöglichkeiten im wirtschaftlichen Bereich sind anders gestaltet als bei uns, aber auch hier drängt die Perestroika auf eine Erweiterung der demokratischen Strukturen. Was wird also geschehen, wenn das Neue Denken die politische Landschaft verändert? Können die kapitalistischen Länder dann noch in ungetrübtem Selbstbewußtsein ihre politische und ökonomische Führungsrolle behaupten? Haben sie vielleicht deshalb Angst vor Gorbatschow?

Was die Freundschaftsgesellschaft angeht: eine mit exzellenten Leuten besetzte Institution. Wir müssen lernen, unsere Skepsis gegenüber solchen Institutionen abzulegen, es geht nicht ohne sie.

Ich habe einen Brief an Gorbatschow vorbereitet. Wir wollen versuchen, ihn über die Gesellschaft weiterzuleiten. Sein Wortlaut:

An den Generalsekretär der KPdSU
Herrn M. Gorbatschow
Sehr verehrter Herr Generalsekretär,
seit Samstag, den 22. 8., hält sich die Studiengruppe der »Arbeitsgemeinschaften Solidarische Kirche Westfalen und Lippe« in Minsk auf. Wir sind hierhergekommen, um die Spuren des 2. Weltkriegs aufzusuchen, in dem Deutsche unendliches Leid über die Völker der SU gebracht haben. Wir tun das, weil wir überzeugt sind, daß der Friede zwischen unseren Völkern nur dann gesichert werden kann, wenn wir uns an diese Geschichte erinnern und eine Wiederholung dieser Geschichte verhindern.

In den evangelischen Kirchen in der Bundesrepublik haben wir mit zwei Büchern einen Denk- und Diskussionsprozeß eingeleitet, der die Christen – und über den Bereich der Kirche hinaus alle Bürger unseres Landes – zu einem neuen Verhältnis zur Sowjetunion führen soll. Wir übersenden Ihnen diese Bücher mit der Bitte, sie als unsere Antwort auf Ihre weitreichenden Abrüstungs- und Friedensvorschläge zu betrachten. Wir unterstützen Ihre Politik des »neuen Denkens« mit allen Kräften und aus der Überzeugung, daß Sie einen politisch gangbaren Weg aus der Gefahr der gegenseitigen atomaren Vernichtung gewiesen haben.

Seit dem Erscheinen der beiden Bücher haben viele Menschen in Kirche und Öffentlichkeit unsere Überlegungen aufgegriffen. Auf dem Kirchentag in Frankfurt im Juni sind unsere Thesen zu »Versöhnung und Frieden mit den Völkern der Sowjetunion« 10 000 Zuhörern vorgestellt worden. Auch Bundespräsident von Weizsäcker hat an diesem Forum zur Versöhnung mit den Völkern der Sowjetunion teilgenommen. Die Autoren der Thesenreihe hat er am 15. Mai empfangen und einige Exemplare des Buches auf seine Reise in die Sowjetunion mitgenommen. Wir hoffen, daß auch andere Politiker in unserem Land beginnen, »Brücken der Verständigung« mit der Sowjetunion zu bauen.

Wir sind dankbar für die vielen Gespräche mit Menschen hier in Minsk. Wir sind beeindruckt von ihrem Willen zum Frieden. Wir spüren, daß die Menschen in Ihrem Land bereit sind, trotz des schweren Leids des Krieges ein neues Kapitel in der Geschichte zwischen beiden Völkern aufzuschlagen. Auch nach dem Ende unserer Studienfahrt möchten wir gern das Gespräch mit sowjetischen Bürgern über unsere friedenspolitische Initiative weiterführen. Wir würden uns freuen, wenn Sie unsere Initiative als kleinen Beitrag zur Befreiung der Welt von der Geißel der Massenvernichtungswaffen und zu einem dauerhaften Frieden in der einen menschlichen Familie würdigen könnten.

Am Schluß des Gesprächs bitten wir den Vorsitzenden, diesen Brief sozusagen auf dem »Dienstweg« weiterzuleiten. Bestimmt, aber freundlich lehnt der Vorsitzende ab. So weit darf die Verbrüderung vielleicht doch nicht gehen, oder? Wir schicken den Brief also per Post. Zwei Monate später antwortet Gorbatschow.

Lehrersein in der Sowjetunion: Im pädagogischen Paradies?

Nachmittags sitzen wir im Vortragssaal unseres Hotels zusammen mit sechs Lehrerinnen, die an einer Fachschule für Kunst tätig sind. Das Bildungssystem auf unterer Ebene ist weitgehend in Frauenhand. Bis vor einigen Jahren gab es bis zur Klasse zehn fast nur Frauen als Lehrkräfte; die Gründe: zum einen das geringe soziale Prestige des Berufes, zum andern die bescheidene Bezahlung. Seit der Schulreform 1984 hat sich einiges geändert; vor allem die Bezahlung und die Ausbildung der Lehrer/innen ist verbessert worden. Seitdem wählen auch Männer diesen Beruf. Im Jahr 1987 beträgt das Zahlenverhältnis zwischen Lehrern und Lehrerinnen 1:3. Aber noch heute verdienen Lehrer/innen unterdurchschnittlich: 150 Rubel im Monat. Überhaupt liegen die Akademikergehälter unter denen der Nichtakademiker.

**Botschaft der Union
der Sozialistischen Sowjetrepubliken**

Postfach 200908
5300 Bonn 2
Tel. 312086/7

"Arbeitsgemeinschaft
Solidarische Kirche
Westfalen und Lippe"

Bonn, 14. Oktober 1987

Sehr geehrter Herr Hartmut Lenhard,

Sehr geehrter Herr Christof Hardmeier,

während Ihrer Reise in die Sowjetunion haben Sie an den Generalsekretär der KPdSU M.Gorbatschow einen Brief gesandt, in dem Sie seine Politik "des neuen Denkens" begrüßten und Ihre Gewissheit zum Ausdruck brachten, daß er den politisch richtigen Weg, gegenseitige Vernichtung zu vermeiden, andeutete.

Sie haben zu diesem Brief zwei Bücher beigelegt, in welchen auf die Notwendigkeit hingewiesen wird, ein neues Verhältnis seitens der Bürger der BRD zu der Sowjetunion und den Sowjetmenschen zu entwickeln im Sinne der Verständigung und Versöhnung.

M.Gorbatschow hat die Botschaft beauftragt, Ihnen dafür seine aufrichtige Dankbarkeit auszusprechen und dabei auszurichten, daß er Ihre Bemühungen für die edlen Ziele der Völkerverständigung hoch einschätzt und viel Erfolg in Ihrer dankbaren Tätigkeit wünscht.

Mit freundlichen Grüßen

G.Pawlow
V. Botschaftssekretär

70 Jahre konsequente Gleichstellung der Frau im Produktionsprozeß, denke ich, und immer noch wählen Frauen die schlechter bezahlten und weniger angesehenen Tätigkeiten. Mein Blick fällt auf die Wand des Saales: Etwa zwanzig Männerporträts – das gesamte Politbüro – blicken würdevoll auf uns herab. Wo sind hier die Frauen? Wie zählebig sind doch die über Jahrhunderte den Männern und Frauen anerzogenen und von ihnen verinnerlichten Vorstellungen über den jeweiligen Platz in der Gesellschaft! Nicht anders als bei uns übrigens.

Wie üblich, läuft zunächst das Einführungsritual ab. Frau Pawlowa, die Direktorin, erläutert die Struktur der Schule und des sowjetischen Bildungssystems. Dann wird das Gespräch zunehmend engagierter und offener – eine Erfahrung, die wir nun schon wiederholt gemacht haben. Überraschend für mich ist, daß die Lehrer/innen offenbar wie bei uns weitgehend als pädagogische Einzelkämpfer unterrichten. An ihrem pädagogischen Geschick hängt alles. Das Kollektiv kann nur indirekt Hilfe geben. Überraschend ist auch, daß eines unserer Alltagsprobleme – die Disziplinschwierigkeiten – für unsere Gesprächspartnerinnen kein Thema ist. Entweder kommt man als Lehrer/in mit seinen Schülern zurecht, oder man sollte sich umschulen lassen. Punktum! Die Autorität des Lehrers scheint freilich in den Schulen weitgehend unbestritten zu sein; beneidenswert diese pädagogischen Paradiese!

Oder ist die sprichwörtliche Disziplin in den Schulen eher ein Zeichen fehlender Kreativität und Kommunikationsfähigkeit? Ob sich das im Zuge von Glasnost ändert? Ob auch die Schüler aufmüpfiger und kritikfreudiger werden? Schon jetzt scheint man um unbequeme Schülerfragen im Unterricht keinen Bogen mehr zu machen.

Eine Lehrerin macht auf mich einen besonders überzeugenden Eindruck. Sie insistiert auf der Bedeutung des Lehrers im pädagogischen Prozeß, schildert eindrücklich Methoden der inneren Differenzierung, und schließlich erläutert sie eindringlich die Friedensarbeit an den Schulen. Der Schulbeginn am 1. September ist verbunden mit Friedensunterricht. Mit den Schülern macht sie Exkursionen zu Gedenkstätten des Krieges, sammelt mit den Kindern für den Friedensfond, leitet eine Klasse dazu an, der Geschichte eines Kriegshelden nachzugehen, gestaltet ein eigenes Museum in der Schule.

Eine andere Lehrerin erzählt aus ihrer über 20jährigen Tätigkeit, ihren gesellschaftlichen Verpflichtungen, davon, wie sie ihren Beruf mit ihrem Haushalt koordiniert. Sie habe einen netten Mann, der sie erst einmal schlafen lasse, wenn sie nach Hause komme. Oh, denke ich, und in der Zwischenzeit macht er die Hausarbeit. Die Hausarbeit erledige sie dann abends, sagt sie. Gleichberechtigung auf russisch – wie bei uns!

Der Schatten der Geschichte

Abends nimmt die Gruppe an einer Folklore-Aufführung teil. Ich mache mich selbständig. Direkt vor dem Hotel beginnt ein ausgedehntes, landschaftlich reizvolles Erholungsgebiet. Ein großer See verzweigt sich in viele kleine Arme. Auf meinem Weg um den See herum erlebe ich russische Freizeitgestaltung. Familien machen Picknick, Jugendgruppen flezen sich auf den Wiesen, Kinder laufen einem Ball nach, viele treiben Sport, rudern, schwimmen ... Fast zwei Stunden bin ich unterwegs, bis ich wieder in Hotelnähe ankomme. Ich habe noch Zeit für die unmittelbare Umgebung des Hotels. Gleich anschließend an die Wohnblocks entdecke ich alte kleine Holzhäuser, die – umrankt von Blumen und frisch gestrichen – einen malerischen Eindruck machen. Unvermutet treffe ich auf einen Obelisken für die ermordeten jüdischen Bürger und Bürgerinnen von Minsk. Die Idylle trügt. Auch auf diesem Ort liegt der Schatten der Geschichte.
Erst später lese ich den erschütternden Bericht des Hamburger Juden Heinz Rosenberg: »... und ich blieb übrig, daß ich Dir's ansage.« Hierhin nach Minsk wurden Tausende von Juden aus dem Deutschen Reich, vor allem aus Hamburg, deportiert. Von den 1453 Juden des ersten Transports blieben sechs am Leben. Alle anderen wurden im Ghetto von Minsk ermordet, sind dort verhungert, von Seuchen dahingerafft worden. Bis hierher also reichte die Vernichtungsmaschinerie des Holocaust. Und ich lese die erste Szene des Trauerspiels »Judith« von Rolf Hochhuth: Der Generalkommissar von Weiß-Rußland, der für die Ermordung der Minsker Juden verantwortlich ist, kommt 1943 durch ein Attentat ums Leben. Eine Frau, die Russin Jelena, hat die Mine gelegt; Jelena – eine moderne Judith im Widerstand gegen den deutschen Massenmörder!

DIENSTAG, 25. AUGUST

Sozialismus von innen: Bei den Werktätigen

Nach einigen Schwierigkeiten wegen Werksferien hat es doch noch geklappt: Wir können den Betrieb besichtigen. Auch hier Glasnost: Vor fünf Jahren wäre wahrscheinlich die Besichtigung gerade dieses Werkes, in dem automatische Fließbänder und Werkzeugmaschinen hergestellt werden, nicht möglich gewesen; immerhin handelt es sich doch um einen ziemlich wichtigen und sensiblen Bereich. Aber es geht.

GEDENK-OBELISK AN DIE ERMORDUNG VON JUDEN IN MINSK/BJELORUSZLAND
2. MÄRZ 1942

אליכטיקער אָנדענק
אף אייביקע יאָרן
די פינף טויזנט
יידן - קדוישים
וואָס זײנען דערמאָרדעט געוואָרן
דורך די הענט פון די
בלוטיקסטע שׂאנים
פון דער מענשהייט -
די פאַשיסטיש - דייטשישע
מערדער - טאַליאַנים.

● JIDDISCH (mit hebräischen Buchstaben)
 von rechts nach links zu lesen

Bedeutung des bibl. Wortes GEDENKEN
　　　　　　　　　　　　SICH ERINNERN:
GEDENKEN meint ein wirksames und schaffendes Ereignis, eine AKTIVITÄT, die eine von allen menschlichen Sinnen erfahrbare Wirklichkeit schafft.
Vom Vergessen und Erinnern hängen Tod und Leben ab.

　　　Wessen ich gedenke
　　　den erkenne ich
　　　zu dem bekenne ich mich.

ALICHTIKER ÅNDENK	Lichtes Gedenken
AF EJWIKE JÅRN	auf ewige Jahre
DI FINF TOISNT	der fünftausend
JIDN - KADOISCHIM	Juden - der Heiligen/=Märtyrer (hebr.)
WÅS SAJNEN DERMÅRDET GEWÅRN	die ermordet worden sind
DURCH DI HENT VON DI	durch die Hände der
BLUTIKSTE SÅNIM	blutigsten Feinde (hebr.)
VON DER MENSCHHAJT -	der Menschheit -
DI FASCHISTISCH-DAITSCHISCHE	der faschistisch-deutschen
MERDER - TALIÅNIM	Mörder - Verbrecher (? hebr./späte Wortbildung ?)

Wir werden zunächst durch den Betrieb geführt, imposante Maschinen stehen in Reih und Glied, werden bearbeitet, ausprobiert. Eine Kolonne Frauen setzt elektrische Schaltungen zusammen. Nach meinen laienhaften Kenntnissen werden solche Schaltungen bei uns mittlerweile von miniaturisierter Elektronik ersetzt, hier arbeitet man noch mit Transistoren. Aber das hat sicher auch Vorteile, u. a. den, daß diese Schaltungen weniger anfälliger, robuster und vor allem selbst zu reparieren sind. Die Werkshallen sind sehr großräumig angelegt, eine Kranführerin schwebt mit ihrem Lastkran 15 Meter über uns. An einigen Tischen sitzen Arbeiter, die gerade ihre Mittagspause begonnen haben, und spielen Domino. In jeder Abteilung gibt es große Stellwände, an denen verdiente Arbeiter mit Bild zu sehen sind und die einzelnen Abteilungen über ihre Produktivität Auskunft geben. Außerdem wird dort über die Quote fehlerhafter Produktion in den Produktionsbereichen genau und für alle sichtbar Buch geführt. Die Angaben für fehlerlose Produkte liegen in allen Abteilungen bei ca. 90 %. Transparenz und Wettbewerb sind offenbar gefragt. Besonders eindrücklich eine große Tafel für Alkoholsünder, ein mittelalterlicher Pranger, auf dem die Namen der Arbeiter vermerkt werden, die von der Miliz betrunken aufgegriffen werden. Daneben ein Bußgeldkatalog: einmal betrunken sein kostet danach zwischen 110 und 190 Rubel, wobei die Kosten für den Milizeinsatz, die Ausnüchterungszelle, den Verlust der Prämie, das Kameradengericht, den Alkohol etc. sämtlich vom Übeltäter zu berappen sind. Ob diese Praxis vielleicht nur dazu führt, daß man jetzt zu Hause trinkt und damit nicht riskiert, aufgegriffen zu werden? Immerhin eine drastische Maßnahme, die sicher nicht wirkungslos bleibt, zumindest bei Leuten, die nicht alkoholkrank sind. Als wir aus dem Gebäude kommen, spielen Arbeiter Volleyball in der Mittagspause.

Anschließend sitzen uns einige Vertreter der Firma gegenüber. Der Empfangsraum des Betriebs ist ganz in Holz ausgelegt. In Vitrinen sind unzählige Gastgeschenke von anderen Gruppen ausgestellt, die den Betrieb besucht haben. Auch Auszeichnungen einzelner Arbeiter und Kollektive haben hier ihren Platz. Offensichtlich ist es die »gute Stube«, in der das Gespräch stattfindet. Der Parteisekretär des Betriebes ergreift das Wort, er hat hier das Sagen. Nach und nach schalten sich auch die anderen Herren ein.

1954 wurde der Betrieb aufgebaut, 1957 begann die erste Produktion. Spezialität der Firma sind automatische Fließbänder, Werkzeugmaschinen und Aggregate vor allem für die Automobil- und Traktorenindustrie (an der Wolga, in Wolgograd, Kama, auch in Minsk). Dieser Betrieb ist ein Hauptbetrieb für Maschinenbau in der SU. 4200 Leute sind beschäftigt, davon 1200 Frauen. 1000 Jugendliche (bis 30 Jahre) werden ausgebildet oder sind angestellt. Alle Beschäftigten sind Mitglieder der Gewerkschaft, 900 sind Mitglieder der Partei – ein sehr hoher Prozentsatz, verglichen mit dem der Gesamtbevölkerung.

Zu den Rahmenbedingungen der Arbeiter: Die Arbeitszeit beträgt 41 Stunden, Samstag und Sonntag ist arbeitsfrei, gearbeitet wird in zwei Schichten. Die minimale

Urlaubszeit beträgt 15 Tage, für Schwerarbeit gibt es einen Monat. Ingenieure beispielsweise erhalten 24 Tage. Als Ausnahme ist auch Teilzeitarbeit möglich, sie wird besonders von Frauen in Anspruch genommen.

Zum Verhältnis Partei-Gewerkschaften-Betriebsleitung-Komsomol: Alle Organisationen arbeiten mit einem einheitlichen Ziel zusammen. Die Parteidelegierten sind verantwortlich dafür, daß die politischen Leitlinien im Betrieb realisiert werden, z. B. die Beschlüsse des ZK und der Parteitage. Das Parteikomitee leitet die anderen Organisationen. In diesem Betrieb sind zwei hauptamtliche Parteisekretäre tätig. Die Gewerkschaft vermittelt bei Konflikten zwischen der Administration und den Arbeitern, sie ist zuständig für den Abschluß des Kollektivvertrages mit der Betriebsleitung und die Kontrolle seiner Ausführung. Die Gewerkschaft hat einen hauptamtlichen Vorsitzenden im Betrieb und zwei Stellvertreter. Der Komsomol betreut die Jugendlichen im Betrieb; er kümmert sich um Sport und um die gesellschaftliche »Moral«.

Zu den Auswirkungen der neuen Politik: Ab 1.1.88 wird das Prinzip der wirtschaftlichen Rechnungsführung eingeführt. Der Betrieb befindet sich im Übergang dazu, er erhält mehr Rechte und Selbständigkeit. 30 % Eigenplanung geht auf den Betrieb über. Der Gewinn gehört zu 100 % dem Betrieb, 0–12 % werden an den Staatshaushalt abgeführt, ein bestimmter Prozentsatz geht an die Ministerien, der Rest wird gebraucht für Löhne (die der Betrieb jetzt selbst zahlen muß), Prämien, Wohnungen und soziale Maßnahmen und für Investitionen.

Von diesem Gespräch habe ich einen zwiespältigen Eindruck. Es geht hier alles zu glatt, eitel Harmonie scheint die Devise zu sein, die wirklichen Probleme kommen nicht auf den Tisch. Da ist die politische Diskussion auf oberer Ebene wohl schon weiter als der Parteisekretär, der bemüht ist, uns nur die Schokoladenseite des Betriebes zu zeigen. Unsere Frage zum Beispiel, ob es gelegentlich zu Materialhortung und privater Nutzung von Material komme, wehrt er strikt ab. Unklar bleibt auch die – vermutlich recht konfliktreiche – Rolle der Partei in einem Betrieb. Vielleicht hat unser Gesprächspartner noch keinen Mut, Glasnost auch gegenüber westlichen Besuchern zu praktizieren. Aber verständlich ist es schon, daß er auf diesen Betrieb stolz ist! Welcher Betriebsleiter bei uns würde nicht auch die Leistungen der Firma in den Vordergrund stellen?

»Der Russe muß sterben, damit wir leben«: das Museum des Großen Vaterländischen Krieges

Etwas unsicher treten wir in das Museum ein. Vor der Kasse eine lange Schlange von Kindern und Jugendlichen, die uns neugierig bestaunen. In der Eingangshalle müssen wir warten. Schon hier – und erst recht bei der

Besichtigung der Exponate – merken wir: Dieses Museum hat nichts mit unseren Museen zu tun. Hier geht es nicht um eine ›objektive‹ historisch-wissenschaftliche Aufarbeitung und Präsentation des Krieges, sondern hier soll Geschichte aus einer besonderen Perspektive erinnert und vergegenwärtigt werden. Es ist die Sicht, in der das Volk den Krieg erlebt hat, es ist die Perspektive der leidenden und schließlich siegreichen Menschen, die sich mit all ihren Kräften und Mitteln gegen die Vernichtung auflehnten. Besonders deutlich wird das an den Monumentalgemälden, an den nachgestellten Kriegsszenen, an den Helden des Partisanenkampfes, denen der Großteil der Ausstellung gewidmet ist, und schließlich am gesamten Aufbau des Museums: Im unteren Stockwerk werden die Okkupation und die Anfänge der Gegenwehr thematisiert, besonders natürlich die Brester Heldenfestung. In der zweiten Etage wird ausführlich der Partisanenkampf dokumentiert. Nicht nur die großen Namen werden geehrt, auch wenn die Leninordenträger dutzendweise zu sehen sind. Auch der Schütze »Pumpelmuse-Hülsensack« – wie Friedrich treffend sagt – ist hier verewigt, denn auch er hat mit seinen Kräften zur Befreiung und zum Sieg über den Faschismus beigetragen. So wird wohl auch die Unmenge an Kriegsrelikten zustande gekommen sein, die in diesem Stockwerk ausgestellt sind: Jeder hat sich einreihen wollen in das große Kollektiv des Volkes, das Widerstand leistete, und hat deshalb seine Erinnerungen und Reliquien beigetragen, um hier einen Ehrenplatz zu erhalten. In der dritten Etage schließlich mündet alles in eine triumphale Feier des Sieges. Hunderte von Namen sind hier in Steinplatten eingraviert, man schreitet über den spiegelblanken Fußboden direkt auf eine Leninbüste zu, die den Mittelpunkt des Ganges bildet und schon vom letzten Raum aus zu sehen ist.

Uns allen ist diese Heldenverehrung fremd. Wir haben keinen Bezug dazu, verstehen aber jetzt, daß sie im sowjetischen Volk einen ganz anderen Wurzelboden hat. Hier genießt die Armee einen Nimbus, der alles in den Schatten stellt. Waffen, Munition, Uniformen erinnern in diesem Museum an Reliquien. Selbst der Sonntagsanzug eines Partisanen samt Taschentuch und Schreibtischutensilien wird ausgestellt, was auf mich eher komisch oder grotesk wirkt. Die Partisanen sind immer die strahlenden Sieger, die heroisch gegen die Fratzen der faschistischen Soldaten kämpfen. Man kann das nur so verstehen, daß hier nicht die historischen Fakten beschrieben, sondern tiefe Gefühle des Volkes zum Ausdruck gebracht werden sollen: So haben die Menschen den Angriff erlebt, so haben sie Angst gehabt, so haben sie gekämpft. Die unmenschlichen Konturen des Gegners sind das zwangsläufige Spiegelbild der eigenen Erfahrungen und der Unmenschlichkeit dieses Angriffskrieges. Vielleicht ist das immer so in der Geschichte, daß ein Volk Helden braucht. Aber vielleicht ist das ruhige Selbstbewußtsein, das uns überall entgegentritt, auch ein Reflex des Stolzes dieses Volkes, das allen Grund hat, seine Geschichte gerade so darzustellen und weiterzugeben.

Natürlich spielt auch eine Beerbung der religiösen Tradition und ihrer Symbole mit hinein. Was in der orthodoxen Kirche die Ikonen sind, sind hier die Heldenbilder. Die niedergelegten Blumen symbolisieren die Auferstehung und das Leben. Im rituellen Gedenken hat man Teil am ewigen Leben der Helden, an ihrer Unsterblichkeit. Und schließlich kommt es darauf an, selbst Held und damit unsterblich zu werden. Die vielen Orden sind so etwas wie eine Garantieerklärung der Unsterblichkeit. Wahrscheinlich haben deshalb die oberen Räume des Museums auf mich eher abstoßend gewirkt. Allzuviel religiöse Symbolik spielte hier mit: Lenin als Mittelpunkt und Garant des Sieges erinnerte doch zu sehr an den Pantokrator der orthodoxen Kirche. Übrigens wird dieser Eindruck bestätigt durch die Tatsache, daß vor dieser Leninbüste auch die Jugendweihe stattfindet.

Dennoch: Dieses Museum hinterläßt bei mir einen tiefen Eindruck. Vor allem drei Exponate haben mich erschüttert. Die ersten beiden sind in dem Raum der Okkupation ausgestellt. Das eine ist eine Fotografie von einigen deutschen Landsern, die sich hinter einem Schild aufgebaut haben, in der Pose der siegreichen Herrenmenschen. Das Schild trägt die Aufschrift: »Der Russe muß sterben, damit wir leben. Die stramme 6. Kompanie«. Gleich gegenüber hängt eine Sequenz aus drei Bildern, die sich nur der sadistischen Lust eines Wehrmachtsfotografen verdankt: Einer jungen Frau wird von einem Angehörigen der Wehrmacht der Strick um den Hals gelegt, Soldaten schauen im Hintergrund unbeteiligt nüchtern zu. Das Opfer war die Sanitäterin Mascha Bruskina, eine Jüdin aus dem Minsker Ghetto.

Das also war das Ergebnis jener Allianz von traditioneller Slawenverachtung, Herrenmenschentum und antikommunistischer Propaganda, deren Wurzeln nicht erst die Nationalsozialisten gelegt haben. Die Saat ging blutiger auf, als es viele gedacht hatten und wahrhaben wollten. Welches Leid hat diese Einstellung über die Menschen in der Sowjetunion gebracht! Eine Skulpturenreihe aus Frauen und Kindern in einem kleinen Nebenraum hält dies fest: »Auf die Gefallenen wartet man ewig«, ist sie benannt. Vielleicht ist diese Skulptur der authentischste Ausdruck der Erfahrungen des Volkes und zugleich seiner tiefen Friedenssehnsucht.

Von Friedrich erfahre ich, daß auch ihn das Bild der Soldaten mit der Tafel bewegt hat:

»Deutschland muß leben, auch wenn wir sterben müssen« – in diesem Geiste wurde meine Generation von Eltern, Lehrern und Pfarrern erzogen. ›Kaisertreu‹ und ›Patriotisch‹ waren die Leitziele der Erziehung in meiner preußischen Beamtenfamilie. Pazifismus galt als Schwäche und Vaterlandsverrat. Das Eiserne Kreuz I. Klasse aus dem 1. Weltkrieg schmückte den Talar meines Konfirmators an bestimmten Feiertagen. Und diese deutschnationale Grundeinstellung wurde obendrein noch kirchlich und theologisch begründet und gutgeheißen. Nicht umsonst ist in das Gemeinschaftsmal für die Toten des 1. Weltkrieges der Evangelischen Kirchengemeinde Bad

Oeynhausen (wie an vielen anderen Kirchen auch) der Spruch aus Johannes 15,13 eingemeißelt: »Niemand hat größere Liebe denn die, daß er sein Leben läßt für seine Freunde.«

So wurden wir erzogen, so haben wir gedacht, so sind wir nach Rußland marschiert, haben gekämpft und geblutet. Als Infanterist in vorderster Linie beim Vormarsch und beim Rückzug habe ich – wie viele andere auch – nicht mitbekommen, was hinter der Front geschah, was mit den Gefangenen geschah, die wir mit Verpflegung versehen in die rückwärtigen Gebiete schickten. Erst viel später hat mir das Buch von Christian Streit »Keine Kameraden« die Augen geöffnet. Und deshalb fahre ich heute mit zu unseren »Feinden« von damals. Deshalb arbeite ich in der Friedensbewegung mit, auch wenn ich mir damit ständig Ärger, Verdächtigungen und Verleumdungen einhandele.

Alltagsszenen

Es ist gut, nach den Bildern des Krieges wieder unter Menschen zu sein. Vor dem Museum halten einige Rentnerinnen, mit einem Besen ausgerüstet und offenbar zuständig für den Vorplatz, auf dem ohnehin kein Schnipsel Papier liegt, ein Schwätzchen. Viele ältere Leute bessern durch solche Arbeiten ihre Rente auf, von der sie nur kärglich leben könnten. Ein Drittel der fast 60 Millionen Rentner erhält nur eine Pension von weniger als 60 Rubel im Monat. Deshalb können es sich viele nicht leisten, nicht zu arbeiten. So auch die alte Frau, die auf dem Lenin-Prospekt eine Eistruhe verwaltet, daneben auch Zigaretten verkauft und gerade ihre Kopekenhäufchen zählt. Die Treppe zur U-Bahn-Station vor dem Kaufhaus Gum ist in ein Meer von Blumen verwandelt: Vor allem Gladiolen werden von Frauen angeboten – und trotz hoher Preise gekauft. Blumen sind eine Kostbarkeit. Viel mehr Passanten als bei uns gehen mit dicken Sträußen nach Hause. Gleich gegenüber eine ungewohnte Szene: Einige Automaten stehen nebeneinander, vor einem eine kleine Schlange aus vier, fünf Leuten. Der erste hat ein Glas Mineralwasser in der Hand, trinkt es aus, spült es an einer Brause des Automaten aus, der nächste kommt, wirft ein 2-Kopeken-Stück ein, der Apparat spendiert gekühltes Mineralwasser. Ich probiere: Es schmeckt erfrischend.

Vor dem Kaufhaus Gum setzen wir uns hin. An den Verkaufsbuden drängeln sich die Leute; an einem Stand werden Kosmetika angeboten, eine dichte Traube Frauen versucht, die begehrten Artikel – wenn möglich auch gleich für Freundinnen und Verwandte – einzukaufen. Jetzt am Nachmittag sind vor allem Frauen und ältere Leute unterwegs. Mir fällt auf, daß die Frauen häufig extravagante Kleidung tragen und sich sorgfältig und auffällig schminken.

Im Kaufhaus selbst treffen wir erheblich weniger Leute an als draußen an den Buden. Vielleicht liegt es am Warenangebot; es werden weniger Dinge des täglichen Lebensunterhalts als vielmehr Kleidung, Schuhe, Einrichtungsgegenstände für die Wohnung u. a. angeboten. Aber auch hier gibt es Sonderstände, die dicht umlagert sind, etwa einer mit Modeschmuck. Das bescheidene Angebot wirkt in der monumentalen Architektur dieses Kaufhauses doppelt kärglich. Hallenartige Verkaufsräume, Treppenaufgänge, die jedem Palast Ehre machen würden, künstlerisch gestaltete Fensterfronten lassen den Besucher vergessen, daß er sich in einem Kaufhaus befindet, zumal der gewohnte Lärm der auditiven Berieselung und die visuellen Anreize der Werbesymbolik völlig fehlen.

Interessanter als dieses Kaufhaus erscheinen mir die kleinen Läden, etwa ein winziges Buchgeschäft, in dem ich hervorragende Bände über belorussische Kunst entdecke. Oder die Näherei, in der man auf der linken Seite Stoffe aussuchen kann, um dann auf der rechten Seite sofort anschließend in Einzelkabinen von Schneiderinnen vermessen zu werden. Das Kleid- oder Anzugmuster kann dann je nach Geschmack aus dickleibigen Modebüchern oder aktuellen Burda-Zeitschriften ausgewählt werden. Schließlich faszinieren mich die Geschäfte, in denen Süßigkeiten angeboten werden, Pralinen und Bonbons, die uns – das wissen wir mittlerweile - ständig von unseren Gastgebern in Schalen präsentiert werden. Ich erfahre, daß es Brauch ist, zu Besuchen solche gar nicht billigen Pralinen mitzubringen, um im Gegenzug die des Gastgebers zu probieren.

Von den vielen Eindrücken des Tages bin ich erschöpft. Wie hält unsere Dolmetscherin das nur durch? Nach einem drei- bis vierstündigen Gespräch muß sie am Ende ihrer Kräfte sein. Und doch ist sie gleichbleibend aufgeschlossen und freundlich, wendet sich jedem aus der Gruppe zu und bringt es noch dazu fertig, mit Scherzen die Gruppe bei Laune zu halten.

Unversehens komme ich mit Shenja in ein langes Gespräch hinein, in dem mir selbst viele Dinge klarwerden. Viele Vorurteile gegenüber der Sowjetunion entstehen daraus, daß das bei uns gängige Etikett »Diktatur« sofort die Assoziation weckt, als sei dieser Staat nur mit den Kategorien und Erfahrungen unseres Naziregimes vergleichbar. Die dunklen Schatten der Stalinzeit fallen noch immer in die Gegenwart. Die Bücher Solschenyzins etwa haben in der Bundesrepublik die Vorstellung gefestigt, als sei dieses Land noch immer ein einziger Gulag. Erst allmählich nehmen wir wahr, daß die Menschen hier in einen überaus schmerzhaften Prozeß der Auseinandersetzung mit diesem Kapitel ihrer Geschichte eingetreten sind. Und schließlich sehen wir die SU vielfach durch die Brille unserer DDR-Erfahrungen, in der sicher vieles preußischer zugeht. Von übertriebenen Ängsten etwa, die sich in der DDR oft in dem bürokratisch-restriktiven Vorgehen gegenüber aufmüpfigen gesellschaftlichen Gruppen niederschlagen, ist hier nichts zu spüren. Diese Republik ist eben schon 70 Jahre alt, hat sich in den Herzen und Köpfen der Bürger und Bürgerinnen eingewurzelt und ist schlicht ohne eine denkbare Alternative. Selbst wenn es so sein sollte, daß sie an erster Stelle patriotische Belorussen und erst an zweiter Stelle Sozialisten wären, so besagt das nichts über ihre Zustimmung zu dem politischen System, in dem sie leben. Vermutlich würde man auf ein heilsames Gelächter stoßen, wenn man das Bild eines totalitären Staates vor den hier lebenden Menschen ausbreiten würde. Kritik an den Lebensbedingungen – sicher, aber eine menschenverachtende Diktatur?

MITTWOCH, 26. AUGUST

Am Ort der Vernichtung: Chatyn

Besuch in Chatyn – ein Höhepunkt unserer Reise. Wir brechen früh auf, eine Fahrt von ca. 60 km außerhalb von Minsk steht uns bevor. Noch wissen wir nicht, was an dieser 1969 eingeweihten nationalen Gedenkstätte auf uns wartet. Nur daß dieser Ort häufig mit Katyn in der Nähe von Smolensk verwechselt wird, ist uns aus den Leserbriefspalten der Tageszeitungen bekannt. Auf Katyn wird immer wieder mit dem Zeigefinger gewiesen, um die Mordtaten der Roten Armee an polnischen Offizieren zu belegen und damit die eigenen zu relativieren. Aber die Hand mit dem ausgestreckten Zeigefinger weist mit drei Fingern auf den Ankläger zurück. Diese Lektion Gustav Heinemanns ist noch immer nicht begriffen. Katyn ist ein Kapitel der russisch-polnischen Geschichte und muß auch von diesen Beteiligten bearbeitet werden; Chatyn ist ein Kapitel unserer eigenen Geschichte. Eines der finstersten.

Es dauert eine ganze Zeit, bis wir die letzten Vororte von Minsk hinter uns gelassen haben. Wir kommen an malerischen Bauerndörfern vorbei, die Ernte ist in vollem Gang. Die Landschaft ähnelt sehr der Schwedens, sie ist leicht hügelig, ab und zu unterbricht ein Wäldchen die Weite der Felder. Wir wollen in einem Dorf haltmachen, das uns wegen seiner vielen kleinen Holzhäuser aufgefallen ist. Es geht nicht. Warum? Sicherheitsinteressen können es nicht sein. Der wahre Grund kommt später zum Vorschein: In den Dörfern ist vieles noch sehr rückständig. Wir sollen dieses Rückständige nicht sehen. Vielleicht hat man schlechte Erfahrungen mit Touristen gemacht, die sich auf diese Punkte mit besonderer Vorliebe gestürzt und mit ihren Fotos nur ihre Vorurteile dokumentiert haben. Ist es unseren Partnern zu verdenken, daß sie uns lieber dorthin führen, wo sie mit Stolz und Recht ihre eigene Zukunft sehen wollen, als dorthin, wo uns der Geruch der überholten Vergangenheit entgegenschlägt?

Auf einem riesigen Parkplatz stellen wir unseren Bus ab. Wir stehen vor einem Gedenkstein am Anfang eines leicht abschüssigen Weges, der zu der weitläufigen Anlage hinunterführt. Shenja übersetzt die einführenden Erläuterungen unserer Führerin. Dann gehen wir den Weg hinunter, der von Blumenbeeten gesäumt wird. Er führt direkt auf eine überragende Gestalt zu: Es ist der Schmied Kaminski, einer der drei Überlebenden des Massakers, mit dem das Dorf in Schutt und Asche gelegt wurde. Der Schmied hält seinen sterbenden Sohn im Arm – ein bestürzender Anblick. »Der Unbeugsame« heißt die Skulptur, Symbol des belorussischen Volkes.

Chatyn war ein kleines belorussisches Bauerndorf. Windgeschützt lagen die 26 Bauernhäuser in einem ausgedehnten Birken- und Kiefernwald. Pfade schlängelten sich durch die Wiesen. Üppige Fliederbüsche in den Vorgärten, Brunnenschwengel an den Häusern, Holzstöße, Zäune, Bienenstöcke – ein Dorf wie Hunderte andere. Am Morgen des 22. März 1943 drangen Einheiten der SS-Einsatzgruppe Oskar Dirlewanger in das Dorf ein. Sie holten die Menschen aus den Häusern und trieben sie in der Dorfscheune zusammen. Dann zündeten sie die Scheune an. Bei lebendigem Leibe wurden 149 Menschen, darunter 75 Kinder, verbrannt. Wer nicht durch die Flammen umkam oder durch den Rauch erstickte, sondern zu fliehen versuchte, starb in den Maschinengewehrsalven des Kommandos. Das ganze Dorf wurde dem Erdboden gleichgemacht, die Häuser eingeäschert, die Brunnen vergiftet. Nur Josef Kaminski und zwei Kinder entkamen dem Blutbad.

Der Bericht der Führerin verschlägt mir den Atem. Ich spüre einen Fluchtinstinkt: Können wir uns als Deutsche hier überhaupt blicken lassen? Es geht mir ähnlich wie in Israel: Die Sprache, die ich spreche, verrät mich; sie bindet mich zusammen mit denen, die hier gemordet haben. Ich kann mich nicht verstecken, kann mich nicht davonstehlen aus dieser Geschichte, die zu unserer Identität als Deutsche unverlierbar dazugehört. Wir können Chatyn nicht ausweichen.

Rechts neben dem Denkmal für Josef Kaminski stand die Scheune. Ihr Dach ist aus schwarzem Marmor nachgebildet. Der letzte Weg der Bewohner des Dorfes ist mit Platten ausgelegt. Eine gezackte Aussparung im Marmordach markiert die Tür, durch die sie gegangen sind. Überall liegen Blumen.

Links auf einer Anhöhe das Massengrab der Chatyner, über dem zwei Gedenktafeln die Besucher erinnern:

»Liebe Mitmenschen, denkt daran: Wir haben das Leben und unsere Heimat und euch geliebt. Wir sind lebendigen Leibes verbrannt. Unsere Bitte an alle: Mögen euch eure Trauer und Leid Kraft und Mut geben, damit ihr für immer Frieden auf der Erde stiftet. Damit nie und nimmer das Leben im Sturm des Feuers stirbt.«

Auf der anderen Seite ein Aufruf der Lebendigen an die Gefallenen, Ausdruck der Trauer, Achtung vor den Toten, die Versicherung, daß die Flamme ihrer Liebe zur sowjetischen Heimat immer brennen werde und ihr Gedächtnis im Volk unsterblich sei.

Dort, wo die Holzhäuser standen, erheben sich nun kahle Glockentürme aus Beton, die Grundrisse der Häuser sind mit Betonplatten angedeutet. An den Türmen sind die Namen der umgebrachten Bewohner der Häuser auf einer Tafel angeschlagen. Alle 30 Sekunden läuten die Glocken einen Ton.

Wir gehen die Hauptstraße des Dorfes hinunter. Vor jedem Haus bleiben wir stehen, lesen die Namen der Ermordeten. Beim Haus der Familie Kaminski fehlt der Name des Vaters, aber die Namen seiner drei Kinder sind verzeichnet. Wir legen Blumen nieder und gedenken der Opfer. Kaum einer spricht. Einige weinen.

Am Ende des Weges die Erkenntnis: So wie Chatyn erging es 186 weiteren belorussischen Dörfern. Sie wurden vom Erdboden vertilgt, und es war niemand da, der sie hätte wiederaufbauen können. Für jedes dieser Dörfer ist auf dem »Friedhof der Dörfer« ein Gedenkzeichen angelegt. Eine rote Raute zeigt an, daß die Dörfer ein Raub der Flammen wurden. Darüber eine Urne mit Erde von dem Ort, an dem das Dorf einmal gestanden hat. Wir lesen die Namen: Korenewo, Paporotnoje, Ustje, Sadobrije, Murogi, Ralla, Smuga, Bratki, Bortnoje, Mai, Ljubtscha ... Hinter diesen Namen stehen Menschen, alt und jung, fröhlich und ernst, freundlich und mürrisch, glücklich und betrübt, 34, 68, 175 oder gar 366 Tote. Noch weitere 433 Dörfer sind auf ähnliche Weise wie Chatyn völlig vernichtet worden; aber sie sind nach dem Krieg wiederaufgebaut worden. Deshalb sind ihre Namen in einem Lebensbaum am Rande des Friedhofs vereint – ein Zeichen der Hoffnung. »Wir werden immer mit der Vergangenheit leben« steht auf dem Stammbaum. Wir erfahren von unserer Führerin:

Ganze Landkreise in Belorußland sind völlig ausgerottet worden. Allein in Belorußland wurden 209 Städte und größere Ortschaften zerstört, 9200 Dörfer in Schutt und Asche gelegt. 2 230 000 Bürger – jeder vierte Einwohner – fiel dem Terror zum Opfer.

Mit brutaler Offenheit hat Hitler schon am 30. 3. 1941 (also noch bevor er begonnen wurde) den Charakter dieses Krieges vor Generalen bloßgelegt: »Kampf zweier Weltanschauungen gegeneinander. Vernichtendes Urteil über Bolschewismus; ist gleich asoziales Verbrechertum. Kommunismus ungeheure Gefahr für die Zukunft. Wir müssen von dem Standpunkt des soldatischen Kameradentums abrücken. Der Kommunist ist vorher kein Kamerad und nachher kein Kamerad. Es handelt sich um einen Vernichtungskampf. Wenn wir es nicht so auffassen, dann werden wir zwar den Feind schlagen, aber in 30 Jahren wird uns wieder der kommunistische Feind gegenüberstehen. Wir führen nicht Krieg, um den Feind zu konservieren« (Aufzeichnungen von Generaloberst Halder).

Unser Weg führt an einer Betonwand vorbei. Ein in Beton gegossener, gesprengter Stacheldraht gibt den Blick frei auf eine lange Mauer, in die große und kleine Nischen eingelassen sind. Es ist eine Mauer des Schweigens; sie erinnert an die 260 Konzentrationslager in Belorußland. Das Grau des Eisenbetons ähnelt der Farbe der Baracken. Die kleinen Nischen stehen für Lager, in denen bis zu 40 000 Menschen ermordet wurden, die großen nennen die Namen von KZs, in denen mehr als 40 000 Menschen umgekommen sind.

Die ersten beiden Nischen sind Kinderlagern gewidmet. 1942 haben Deutsche die Kinder eines Lagers in der Nähe von Brest samt ihren Erziehern umgebracht. Acht bis vierzehn Jahre alt waren diese Kinder. Sie wurden als Blutspender für Wehrmachtssoldaten mißbraucht, oder an ihnen wurden medizinische Experimente ausprobiert. Wenn sie körperlich am Ende waren, wurden sie vergiftet. In den großen KZs sind gefesselte Kinder lebend in die Massengräber geworfen worden, um Kugeln zu sparen; sie sind erstickt. Im größten Lager Trostinec, in der Nähe von Minsk, wurden 206 500 Menschen ermordet. Um die Spuren zu verwischen, hat man Ende 1943 die Gräber wieder geöffnet und die Leichen verbrannt. Aber die Kapazität der Öfen reichte nicht; da wurden die Leichen unter freiem Himmel in einer Tag und Nacht dauernden Aktion dem Feuer preisgegeben. Andere Lager haben als Durchgangslager gedient. Hier wurde der berüchtigte Kommissarbefehl praktiziert. Nach der Gefangennahme sortierte man Offiziere und Kommissare aus und brachte sie sofort um. Die übrigen wurden in die KZs weitergeschickt. Auf diese Weise konnte sich die Wehrmacht die Hände freihalten und das schmutzige Geschäft der SS überlassen.

Shenja übersetzt Wort für Wort die Grausamkeiten, von denen die Dozentin uns berichtet. Schon ein dutzendmal oder öfter hat sie dies tun müssen. Aber noch immer merkt man ihr den Schrecken über die Ereignisse an. Als von den Kindern die Rede ist, die gefoltert und ermordet wurden, treten ihr Tränen in die Augen. Ihr Paulchen ist gerade drei Jahre alt geworden.

Hunderte von Besucherinnen und Besuchern sind inzwischen an uns vorübergegangen, keine Touristen, sondern sowjetische Bürgerinnen und Bürger. Es ist ein ganz normaler Werktag, aber dieser Ort kennt keine Sonntage und Werktage: an jedem Tag gedenken hier Tausende von Menschen der Opfer des Vernichtungskrieges. Ich sehe eine Familie, der alte Herr ist ein Veteran, seine Brust ist mit vielen Orden und Ehrenzeichen geschmückt; sein Sohn und seine Schwiegertochter haben den Enkel zwischen sich genommen. Am Ehrenmal mit der ewigen Flamme in der Mitte des Gedenkplatzes machen sie halt, legen ihre Blumen nieder und verharren einige Minuten still. Drei Birken sind hier eingepflanzt, eine vierte fehlt – einer von vier Einwohnern ist umgekommen. So wie diese Familie sehen wir viele. Was haben diese Menschen erlebt? Welches Schicksal haben sie erlitten? Wo sind ihre Söhne und Töchter, ihre Geschwister und Freunde geblieben? Tragen sie noch heute an den Verletzungen, die ihnen körperlich und seelisch zugefügt worden sind? All dies weiß ich nicht. Aber ich weiß, daß es praktisch keine Familie in Belorußland gibt, die nicht Opfer zu beklagen hatte. Und ich verstehe, warum dieses Trauma von den Älteren an die Kinder und Enkelkinder weitergegeben wird. Nicht, um den Haß am Leben zu erhalten, sondern weil das, was geschehen ist, nie wieder geschehen darf. Wir begeben uns an das Ehrenmal. Friedrich hält eine Ansprache:

Liebe Friedensfreunde und -freundinnen, liebe Schwestern und Brüder! Sie haben mir eine schwere Last auferlegt mit Ihrer Bitte, an diesem Orte zu sprechen. Welche Gedanken kommen uns im Angesicht dieses Ortes, im Angesicht dieser Landschaft? Mir, dem Angehörigen einer Generation, die in das politische und militärische Geschehen des 2. Weltkrieges zutiefst verstrickt ist? Und Ihnen, der nachgeborenen Generation, denen wir dieses Erbe hinterlassen haben? Wie war es möglich, daß bereits 21 Jahre nach dem blutigen Ringen des 1. Weltkrieges erneut ein noch verlustreicheres und noch brutaleres Unwetter über die Staaten und Menschen Europas hereinbrechen konnte? Den Schlüssel zum Verständnis für diese Absurdität finde ich in dem Satz des französischen Philosophen und Dramatikers Gabriel Marcel:
»Weil die Toten schweigen, fängt alles immer wieder von neuem an.«
Wie die Generation Ihrer Väter und Großväter auf das blutige Ringen des 1. Weltkrieges reagierte, mag die Inschrift auf der Gedenktafel für die gefallenen Studenten und Dozenten der Berliner Humboldt-Universität verdeutlichen. Sie ist lateinisch: Invictis Victi victuri! Der evangelische Theologieprofessor Reinhold Seeberg hat sie verfaßt, und sie heißt in freier Übersetzung: Den Unbesiegten (widmen wir) die Besiegten (diese Tafel) in der Absicht, wieder zu siegen.
Mit dieser Formulierung waren die Toten nun auch im geistigen Sinn mundtot gemacht. Und es fing tatsächlich alles wieder von vorn an. Weil wir Deutschen die Lektion des 1. Weltkrieges nicht verstanden hatten – und der Theologe Seeberg ist ein Zeuge dafür –, rüsteten wir auf und marschierten in den 2. Weltkrieg. Weil die Toten schweigen, fing alles wieder von neuem an. Wenn ich nun auf die 42 Jahre zurückblicke, die seit dem Ende des 2. Weltkrieges vergangen sind, scheint der Satz Gabriel Marcels von neuem seine unerhörte Aktualität zu beweisen, beschreibt er doch die Wirklichkeit, in der sich die Politik auch der vergangenen Jahrzehnte widerspiegelt.
Als ich diesem Satz Gabriel Marcels vor etwa 25 oder 30 Jahren in der Zeitschrift des Volksbundes Deutsche Kriegsgräberfürsorge zum erstenmal begegnete, wurde in mir ein Prozeß des Nachdenkens eingeleitet, der bis heute nicht zu Ende ist. Und im Verlauf dieses Prozesses kam mir ein Wort meines Regimentskommandeurs aus dem Jahr 1942 wieder in Erinnerung, mit dem er meine Versetzung zu einem Infanterie-Regiment begründete, das im Mai 1942 von Frankreich in den Raum Kursk verlegt wurde und das an der Junioffensive in Richtung Woronesh teilnahm. Der Kommandeur sagte damals zu mir – und das war als Auszeichnung gedacht :
»Solche Männer wie Sie brauchen wir zum Sterben.« Der Gelegenheiten zu sterben gab es damals viele, am deutlichsten im September 1943 im Raume Konotop, wo ich im Nahkampf schwer verwundet wurde, und zuletzt noch im März 1945, wo ich im

Straßenkampf mit Amerikanern im zerbombten Frankfurt am Main nochmals verwundet wurde. Die Tatsache des Überlebens, über das ich damals nicht sonderlich glücklich war, hat den pessimistischen Ausspruch Gabriel Marcels für mich zu einem provozierenden gemacht. Denn weil die Toten schweigen, zum Schweigen gebracht wurden, sollen und müssen die Überlebenden reden. Doch diesem Reden muß die Besinnung über die Geschichte des eigenen Volkes vorangehen, eine Besinnung, die Vorurteile als Fehlurteile entlarvt, die den Weg freimacht zu einer Neubesinnung. Gerade wir Christen sind aufgefordert, dieser Neubesinnung den Weg zu ebnen. Auch in unserer Kirche muß angesichts vielfachen Fehlverhaltens in der Vergangenheit und der Gegenwart dem Ruf nach ›metanoia‹, nach Sinnesänderung (nicht Buße), Raum und Geltung verschafft werden.

Sinnesänderung ohne Rückbesinnung wird kaum vollziehbar sein. Dabei können uns Gedenkstätten wie die hiesige in Chatyn eine Hilfe sein. Abstrakte Zahlen der Schreckensstatistik des Krieges allein bewirken noch keine Sinnesänderung. Wenn wir aber vor den Totentafeln an den symbolischen Schornsteinen der zerstörten Häuser stehen und die Namen der getöteten Bewohner lesen wie Wladimir, Iwan, Sophia, Lena, dann wird das ganze Ausmaß des Schreckens und des Verbrechens deutlich, das Angehörige unseres Volkes hier hinterlassen haben. Lassen wir uns nicht einschüchtern durch den Vorwurf der Nestbeschmutzung, den die Ewiggestrigen gegen uns erheben werden. Ein Nest (um im Bilde zu bleiben), das schmutzig ist, kann nicht noch schmutziger gemacht werden. Es muß gereinigt werden – nicht in der Weise, daß wir uns weigern, die volle Wahrheit, die unbequeme Wahrheit zur Kenntnis zu nehmen, sondern indem wir in Kenntnis dieser Wahrheit Wege zur Verständigung, zur Versöhnung, zum Frieden suchen.

In diesem Sinne haben wir die Reise hierher angetreten. Was Deutsche hier angerichtet haben, können wir nicht ungeschehen machen. Wir dürfen das auch nicht abmildern durch den Hinweis auf die Schrecken, die meinen Landsleuten in Schlesien, Ostpreußen, Pommern und Brandenburg widerfuhren. Es ist an der Zeit, Feindbilder abzubauen. Es ist an der Zeit, den Krieg als das zu ächten, was er in Wirklichkeit ist, ein Verbrechen gegenüber den Menschen, eine Sünde gegenüber Gott. Kain wurde von Gott gefragt: »Wo ist dein Bruder Abel?« Er würde uns heute fragen: »Friedrich, wo ist dein Bruder Michael?« Das Unglück von Tschernobyl sollte uns ein für allemal deutlich gemacht haben, daß wir allesamt Bewohner der einen Erde sind. Grenzen, die von radioaktiver Strahlung ignoriert werden, sollten auch für Menschen durchlässig werden. Wir sollten daraus lernen, daß es für uns Menschen nur *ein* Vaterland – nämlich die Erde – und nur *einen* Vater – nämlich den im Himmel – gibt. Mit dieser Erkenntnis fahre ich zurück in mein Land und schließe die Bitte an: Herr, gib uns deinen Frieden!

Noch einmal gehen wir um die weitläufige Anlage herum. Die Nachmittagssonne spielt mit den Schatten. Ich muß daran denken, wie sehr sich dieses Denkmal von unseren unterscheidet. »Zum ehrenden Gedenken an unsere Gefallenen«, »Den Heldentod für das Vaterland starben ...«, »Wir trauern um die tapferen Soldaten«, »Sie fielen für Volk und Vaterland« – Sprüche, die unsere Denktafeln in den Kirchen oder auf Plätzen zieren. Lügensprüche. So verlogen, wie es der antike Hexameter ist, über den ich in der Unterprima einen Aufsatz zu schreiben hatte: Dulce et decorum est pro patria mori, süß und ehrenvoll ist es, für das Vaterland zu sterben. Allzu gutgläubig habe ich als Schüler für die deutsche Kriegsgräberfürsorge gesammelt. Nein, Täter und Opfer sind nicht im Tod vereint, er macht nicht alle gleich. Nur wenn diese Unterscheidung scharf erkennbar bleibt, werden wir Krieg nicht als ein tragisches Schicksal ansehen, sondern als eine Tat von Menschen begreifen. Dann wird man Ursachen und Wirkungen, Tun und Erleiden, Motive und Ziele benennen können. Und nur so werden wir für die Zukunft aus der Geschichte lernen können. Es hilft nicht, wenn wir das Erinnern im umgrenzten Bereich des privaten Trauerns kultivieren. Oder wenn eine Versöhnung über den Gräbern proklamiert wird, die das Erschrecken über die deutschen Verbrechen endlich zu den Akten legen will. So darf die Geschichte nicht »entsorgt« werden.

Es dauert lange, bis wir mit unseren Eindrücken ins reine kommen. Die Gruppe hilft dabei. Jeder hat etwas Unterschiedliches beobachtet und erfahren. Wir reden miteinander, tauschen uns aus, versuchen, Vergleiche zu ziehen. Einig sind wir uns darüber, daß wir über diesen Besuch zu Hause berichten werden. Chatyn soll auch bei uns bekannt werden.

Kaum sind wir wieder in der Bundesrepublik, erscheint im *Stern* ein erschreckender Bericht über den Besuch einer fast 300köpfigen Reisegruppe aus der Pfalz in Minsk. Auch sie waren in Chatyn, aber diese Menschen haben sich abgeschottet. »›Das war eine Gegenmaßnahme‹, sagt einer der Pfälzer. Einfach so sei ja niemand umgebracht worden. Die Umstehenden nicken. ›Ein Vergeltungsschlag, ohne Frage‹, pflichtet ihm einer bei. ›Das kann man bedauern, aber mehr nicht.‹«

Die abgebrühte Unbußfertigkeit dieser Äußerungen entsetzt mich. Die Mauer des Schweigens ist 40 Jahre lang höher und höher gebaut worden. Welche Chance haben wir, eine Bresche in diese Verteidigungslinie gegen die Erinnerung an die Verbrechen zu schlagen?

Aber ich erfahre auch, daß eine Teilnehmerin unserer Gruppe an ihrer Schule das Musical Anatevka einstudiert. Das Geschehen spielt 1905 in dem fiktiven ukrainischen Dorf Anatevka. Pogrome gegen Juden sind an der Tagesordnung. Als der russische Offizier zum zweiten Mal innerhalb des Stücks die Bewohner des Dörfchens auffordert, ihre Häuser binnen drei Tagen zu verlassen, wird die Handlung unterbrochen: »Drei Tage Zeit? Fast vierzig Jahre später gab es keine drei Tage Zeit. Es ist der 22. März 1943 ...« Und dann wird die Geschichte Chatyns eingeblendet. Im Laufe der verschiedenen Vorführungen an der Schule und an Nachbargymnasien sehen etwa 1500 Besucher die Bilder von Chatyn, die das vertraute Musical in ein fremdes, bedrückendes Licht stellen. Die Geschichte des Dorfes macht jeden im Zuschauerraum still. Was geht in den Köpfen vor sich? Führt das Erschrecken zum Nachdenken, das Nachdenken zum Handeln?

»Welch ein Freund ist unser Jesus«
Baptisten im Sozialismus

Wider Erwarten haben wir abends doch die Möglichkeit, mit einer Gruppe die baptistische Gemeinde in Minsk zu besuchen. Wir werden mit Taxen und Privatautos abgeholt, eine längere Fahrt durch die Stadt bis zu einer kleinen Kapelle. Der Empfang ist sehr herzlich, der obligatorische Tee samt Torten und Konfekt steht auf dem Tisch. Die Vertreter der anderen Seite sind – bis auf die Tochter des Superintendenten – allesamt Männer, Prediger, Presbyter, Diakone. Wir beginnen mit einem Gebet, das der Superintendent von Belorußland spricht.

Wir stellen uns vor. Dabei ereignet sich eine kleine, aber wichtige Episode. Als wir von Schuld sprechen, entgegnet der Superintendent spontan: »Ist alles schon vergeben.« Eine wirklich evangelische Bemerkung! Dann hören wir zu.

In Belorußland sind 223 baptistische Kirchen registriert. Daneben gibt es nichtregistrierte Pfingstkirchen. Insgesamt 20 000 Mitglieder zählen zu den Gemeinden (allerdings erfahren wir später, daß die Gemeinde in Minsk keine offizielle Mitgliederliste führt!). 500 Taufen jährlich finden statt. Große Kirchen sind in allen Städten zu finden. Die Betstunden dauern zwei Stunden, die Gottesdienste fünf bis sechs Stunden. Am Samstag findet ein Gottesdienst statt, am Sonntag zwei, Donnerstag ist Betstunde, es gibt zwei Chöre, die zweimal pro Woche üben, montags kommen Jugendliche zur Bibelarbeit zusammen. In diesem Jahr wurden 40 Menschen durch die Taufe in die Gemeinde aufgenommen, viele Jugendliche besuchen die Gottesdienste. Die Gemeinde ist bewegt von einer missionarischen Perspektive: Bis zum Kommen Christi müssen alle Völker von Christus hören.

Wir beginnen mit dem Gespräch, in dem der Superintendent das Wort führt. Er strahlt ein großes Selbstbewußtsein aus: Wir sind wer! Wir brauchen uns nicht zu verstecken! Hier redet kein Vertreter einer verfolgten und im Untergrund lebenden Kirche. An einigen Stellen wagen sich schüchtern ein, zwei andere zu Wort, werden aber – außer dem Prediger der Gemeinde – nicht recht wahrgenommen.

Frage: Gibt es für Jugendliche Glaubensunterricht?
Antwort: Nur in den Familien wird Erziehung im christlichen Glauben eingeübt, vor allem im Blick auf die eigenen Kinder und Schwiegersöhne und -töchter. Außerdem findet Unterricht in der Predigt statt. Es gibt keine Sonntagsschulen, aber die Kinder kommen mit zur Predigt. Wichtig ist auch der Chor, in dem Kinder mitsingen.
Frage: Wie viele Mitglieder hat die Gemeinde?
Antwort: 800, von 40 Getauften in diesem Jahr waren 21 Jugendliche. Eine Minderheit der Gemeinde kommt sozusagen von außen. Es gibt keine Kartei, aber die Presbyter kennen die Mitglieder. Bei den Pfingstkirchen beruft man sich darauf, daß

Jesus sich auch nicht hat registrieren lassen. Auch ohne offizielle Registrierung versammeln sich diese Gemeinden. Man versucht sie zu überzeugen, sich registrieren zu lassen.

Frage: Wir hören bei uns immer von Verhaftungen, wie steht es damit?

Antwort: In seiner Antwort beschränkt sich der Superintendent bewußt auf Belorußland. Seit 13 Jahren hat er sein Amt inne. Während dieser Zeit ist in seinem Arbeitsbereich nur ein Fall vorgekommen: Die Organisation eines Kinderlagers durch eine Frau war illegal, trotz Warnungen hat sie das Lager durchgeführt und ist daher angeklagt und verurteilt worden. In anderen Republiken hat es Verurteilungen gegeben, aber er hat darüber keine genauen Informationen.

Frage: Wie werden die Prediger ausgebildet?

Antwort: In Moskau ist das Zentrum der Baptisten. Durch einen dreijährigen Fernkurs für Pastoren und einen zweijährigen Kurs für Dirigenten erlangt man die notwendige Qualifikation. In der Minsker Gemeinde haben sieben Mitglieder diesen Kurs absolviert. Die Prediger werden von der Gemeinde bezahlt.

Frage: Wie wird man Diakon?

Antwort: Durch Wahl. In Minsk gibt es neun Diakone, die den Presbytern zur Seite stehen. Sie verrichten geistliche Dienste, arbeiten mit Jugendlichen. Sie besuchen die Alten und leisten auch praktische soziale Hilfe. Im Gottesdienst helfen sie mit beim Abendmahl. Zweimal im Monat versammeln sich die Presbyter, Prediger und Diakone. Einmal im Monat finden Brüder- und Schwesternversammlungen statt zur Organisation der Veranstaltungen. Frauen können nicht Pastorinnen werden, auch als Diakonissinnen haben sie kein Recht zu gottesdienstlichen Handlungen. (»Wir sind da vielleicht noch etwas rückständig.«) Die Baptisten sind zusammengeschlossen in einem Bund.

Frage: Wann findet die Taufe statt?

Antwort: Die Taufe darf nach dem Gesetz nur bei Volljährigkeit erteilt werden, aber die Gemeinde macht auch Ausnahmen und übergeht dabei gesetzliche Bestimmungen. Vor der Taufe findet eine strenge Belehrung und Beobachtung des Lebenswandels und Gottesdienstbesuchs des Bewerbers statt, dann gibt es eine Befragung durch die Ältesten.

Frage: Wie handhaben Sie das Abendmahl?

Antwort: Der Superintendent weist auf die in der Gemeinde praktizierte ökumenische Offenheit hin, jeder soll sich selbst prüfen, ob er teilnehmen kann und will. Es wird nicht nach der Gläubigentaufe gefragt.

Frage: Was erwarten Sie von der neuen Politik?

Antwort: Natürlich wünscht sich die Gemeinde, einen öffentlichen Gottesdienst im Fußballstadion halten zu können oder eine Fernsehübertragung ihres Gottesdienstes; im Augenblick sei das leider noch nicht möglich. Aber wer weiß? Gott kann die neue Politik auch dafür benutzen. Der Glaube versetzt Berge.

Frage: Erwarten Sie solch eine Veränderung von Gorbatschow?

Antwort: Nein, in erster Linie von Gott selbst. Gott setzt die Zaren ein, die für das Volk gut sind.

Frage: Wie sind Sie zu diesem schönen Haus gekommen?

Antwort: 1965 hat die Kirche ein kleines Haus gekauft und als Kirche umgebaut. 1978 wurde ein Gesuch zu einem erneuten Umbau gestellt, nach zwei Jahren kam die Erlaubnis. 1980 wurde der Umbau mit eigenen Mitteln vollzogen.

Nach dem Gespräch werden uns Dias von der diesjährigen Tauffeier vorgeführt. Offenbar sind unsere Gesprächspartner besonders daran interessiert, uns die Gläubigentaufe als Zentrum ihres Gemeindeverständnisses vorzuführen. Die Bilder sind eindrucksvoll, die Taufe findet im Minsker Meer statt, die ganze Gemeinde nimmt teil. Dann werden wir dem Chor vorgestellt, der gerade eine Probe hinter sich hat. Wir hören ein erweckliches russisches Lied; begeisternd die klaren, kräftigen Stimmen! Von der Empore aus blicken wir in den Predigtraum, der schlicht, aber überzeugend gestaltet ist. Wir singen selbst – mehr schlecht als recht – ein Friedenslied. Anschließend sollen wir einstimmen in »Welch ein Freund ist unser Jesus«, das in der evangelikalen christlichen Internationale überall geläufig ist. Kaum jemand von uns kennt es, nur ich kann die erste Strophe noch, aber dann setzt es auch bei mir aus, und ich brumme nur die Melodie mit. Beim Abschied auch hier wieder Geschenke über Geschenke, eine Gastfreundschaft, bei der wir wirklich blamiert dastehen.

Das also sind russische Baptisten, mit denen mein Vater während des Krieges Kontakt aufgenommen und an deren Gottesdiensten er teilgenommen hat. Oft genug hat er davon erzählt, daß er mehrere Stunden zu Fuß zu einer kleinen Gemeinde marschiert sei und in ihrer Mitte eine geschwisterliche Gemeinschaft erlebt habe. Aber wie paßt das zusammen: der Feind in der Uniform der Faschisten mitten unter den Opfern des Vernichtungskrieges? Was hat sich zwischen diesen Menschen aus den feindlichen Lagern abgespielt? Und wie hat mein Vater die Spannung ausgehalten: im Dienst als gehorsamer Soldat gegen sowjetische Bürgerinnen und Bürger vorgehen zu müssen und in der Freizeit Christ unter Christen zu sein? Waren die Christen nicht seine Feinde?

Auf der Rückfahrt unterhalten wir uns im Auto des Superintendenten, der ein tüchtiger »Manager« seiner Kirche zu sein scheint und im Gespräch politische Klippen geschickt umschifft. Die Frage, ob Bibeln nötig seien, verbindet er z. B. mit den Raketen: Wenn das Volk mehr Bibel liest, braucht es keine Raketen mehr. Er grenzt sich deutlich ab von Vins und Wurmbrandt und ihrer Märtyrerkirche, denen er lügnerische Politik statt Evangeliumspredigt vorwirft. Gleichzeitig ist er in der Friedensfrage natürlich selbst politisch interessiert und bringt das Problem auf eine einfache, aber einleuchtende theologische Formel: »Gott schafft das Leben, Raketen vernichten es.« Auf die Frage, wie sich die einzelnen Gläubigen in ihrer atheistischen Umgebung verhalten, sagt er, sie seien z. B. in ihrem Betrieb als Christen durchaus identifizierbar, denn nach der Bergpredigt sollen Christen Licht auf dem Berge sein. Wahrscheinlich überzeugen sie durch Ehrlichkeit, Verzicht auf Alkohol, Fleiß und Zuverlässigkeit – sicher nicht die schlechteste Art der »Mission«. Ob man als Baptist auch Mitglied der KPdSU sein könne, wird er gefragt. »Nein, wir sind Mitglieder der Partei Christi«, ist seine Antwort. Aber natürlich arbeiten Gemeindeglieder in gesellschaftlichen Organisationen wie dem Komsomol mit.

Nach unserem Besuch habe ich eine lange Diskussion darüber, ob man die Baptistenkirche an ihrer gesellschaftlichen und politischen Relevanz in diesem Staat messen darf. Mich irritiert, wie wenig Verständnis manche aus der Gruppe für diese Art von Frömmigkeit haben, während gleichzeitig die orthodoxe Frömmigkeit wegen ihres mystischen Charakters gelobt wird. Ich frage mich, wo ich in diesem Staat stehen würde, wenn ich als Baptist in der Sowjetunion lebte. Welche Verhaltensweise ist der Kirche Jesu Christi auf den Leib geschrieben? Emigration, Distanz, Loyalität, Opposition? Was heißt »Christsein im Sozialismus«? Läßt sich diese Devise der DDR-Kirchen auch so ohne weiteres auf die Sowjetunion übertragen? Klar ist mir jedenfalls, daß wir um die Kirche hier keine Sorge haben müssen. Sie wird ihren Weg gehen. Von Kirchenverfolgungen, wie sie in den zwanziger Jahren stattfanden, kann jedenfalls heute keine Rede mehr sein. Natürlich haben Christen hier weniger Handlungsspielraum als die Kirchen in unserem Staat mit ihren Privilegien, ihrem Geld und ihrem öffentlichen Einfluß. Wo aber ihr Zeugnis glaubwürdiger ist als Trost im Leben und im Sterben und wo sie mehr als Sauerteig in der Welt wirken – darüber steht uns ein Urteil nicht zu.

Als wir in einer kleinen Gruppe über diese Fragen diskutieren, erregen wir Aufsehen bei den Frauen an der Rezeption des Hotels. Eine von ihnen unterhält sich mit uns, will wissen, was für eine Gruppe wir denn wohl seien. Sie hätte schon soviel über uns gehört, fände das alles sehr interessant. Ich frage mich, welche Eindrücke wir eigentlich bei den Russen hinterlassen. Wie erleben die Russen uns als Christen?

DONNERSTAG, 27. AUGUST

Im Veteranenheim

Wir wollen ein Heim für Rentnerinnen und Rentner besichtigen. Aufgenommen in dieses Heim werden Helden der Arbeit und Kriegsveteranen. Es ist das einzige seiner Art in Belorußland – also sicher kein »normales« Altenheim, von denen es 75 gibt.

Das Heim liegt etwa zehn km außerhalb von Minsk, mitten im Wald. Neugierig beobachten Pioniere aus einem nahen Lager, wie wir aus dem

Bus aussteigen. Der Leiter des Heims ist ein ehemaliger Offizier. Er empfängt uns im Kulturraum, einer Art Kinosaal mit ansteigenden Stuhlreihen und Bühne. Wir erfahren erste Informationen.

Bei den Insassen wird 75 % der Rente für die Unterbringung verwendet, die übrigen 25 % bleiben den Alten. Von der Zahnbürste bis zur Kleidung wird alles vom Heim gestellt. Jeder Rentner hat sein Zimmer, Eheleute haben zwei Zimmer. In anderen Heimen müssen die Insassen oft mit Zwei- bis Drei-Bett-Zimmern auskommen, denn es gibt noch nicht genügend Plätze in den Heimen. In Zukunft sollen vor allem auch Altenheime auf dem Land errichtet werden. Neben den Heimen besteht in den Städten ein System der Sozialfürsorge und eine Poliklinik in jedem Stadtgebiet zur Betreuung der Alten, die zu Hause leben.
  Der Tagesablauf für die Alten beginnt mit Gymnastik morgens um 8 Uhr. Das Frühstück um 9 Uhr kann mit Hilfe einer Speisekarte selbst zusammengestellt werden. Anschließend finden ärztliche Untersuchungen und Heilanwendungen statt. Um 14 Uhr wird das Mittagessen eingenommen, ebenfalls nach Speisekarte, um 17 Uhr gibt es Kaffee. Am Abend wird ein kulturelles Programm geboten, z. B. wird viermal in der Woche ein Film vorgeführt, außerdem finden verschiedene Interessenkreise statt. Auch Konzerte sind im Programm.
  Für das Heim gibt der Staat jährlich 500 000 Rubel aus. 160 bis 170 Leute leben hier. Das Personal besteht aus 131 Personen, davon sind neun Ärzte, 26 Krankenschwestern, 40 Leute allgemeines Personal und 30 Küchenpersonal. Fachärzte halten regelmäßig Sprechstunden im Heim ab; sie haben hier eigene Praxen. Spezialbetreuer sind für die Bibliothek und künstlerische Kreise zuständig.
  Die Krankenabteilung ist gut ausgebaut, so daß auch Pflegefälle aufgenommen werden können. Das Durchschnittsalter beträgt 78 Jahre, ein Drittel der Insassen sind Männer, zwei Drittel sind Frauen (die durchschnittliche Lebenserwartung beträgt in Belorußland bei Männern 68, bei Frauen 73 Jahre). Sie können das Heim ihrer Wahl aussuchen. Keiner wird zum Wohnen im Heim gezwungen. Bei gesundheitlicher Notwendigkeit wird man sofort im Heim aufgenommen (durch den Exekutivrat des Kreises für soziale Fragen in Abstimmung mit dem Ministerium).
  Die Alten wählen einen Dienstleistungsrat, durch den sie wichtige Entscheidungen mitbestimmen können. Er berät über die alltäglichen Probleme und Konflikte, etwa bei Streit, über die sanitären Anlagen, über die Versorgung. Verschiedene Sektionen des Rates beschäftigen sich mit Garten, Küche und sanitären Anlagen. Eine andere Sektion plant das kulturelle Programm. Der Leiter des Hauses wird zur Zeit noch ernannt durch das Ministerium für Soziales, in Zukunft durch die Mitarbeiter und Rentner gewählt.

Wir besichtigen anschließend das Haus, sind überrascht über die medizinischen Möglichkeiten, die das Haus bietet: Augenarztpraxis, Zahnarzt, Massageräume, Urologie, Inhalationsräume. Dann dürfen wir einen Blick in zwei Zimmer werfen, in denen jeweils eine alte Dame wohnt. Ein kleines, aber gemütliches Zimmer, das durch Teppiche und Bilder wohnlich wirkt. Außer diesen kleineren Erinnerungsstücken hat die Bewohnerin des Zimmers nichts in das Heim mitnehmen dürfen. Unsere Gesprächspartnerin erzählt von sich, nachdem wir uns vorgestellt haben. Als sie nach dem Krieg gefragt wird, fängt sie an zu weinen. Uns allen geht es genauso. Aber die Atmosphäre ist nicht bedrückend, eher kommt lang Angestautes heraus, Gefühle, die wir bisher zurückgehalten haben. Wir sprechen noch lange mit der alten Frau, und sie drückt am Ende alle nacheinander an sich.

Ganz anders die zweite Frau, die uns fast gar nicht zu Wort kommen läßt, in sehr eloquenter Art ihr politisches Interesse offenlegt, von Marx begeistert ist, Lenin im Regal und die Prawda auf dem Sofa liegen hat. Aber auch sie ist auf ihre Art sehr sympathisch und strahlt eine große Lebendigkeit aus. Ich habe bei uns kaum einen alten Menschen gesehen, der so interessiert und versiert in politischen Dingen ist.

Zumindest diese alten Menschen werden hoch in Ehren gehalten. Vielleicht weil sie Helden der Arbeit und des Krieges sind. Aber es könnte auch sein, daß diese Gesellschaft anders als unsere mit ihren Alten umgeht. Wenn irgend möglich, bleiben sie in den Familien. Allerdings gibt es auch hier einen starken Trend zur Kleinfamilie – mit all den negativen Konsequenzen für die Trennung der Generationen! Die riesigen Siedlungen in und um Minsk mit ihren genormten Kleinwohnungen zeigen durchaus zerstörerische Auswirkungen im Blick auf das soziale Gefüge. Vielleicht wird die Zahl der Altenheime in absehbarer Zeit erheblich zunehmen, einfach deshalb, weil immer mehr Alte nicht mehr allein leben können. Dennoch: Wenn dieses Veteranenheim der Maßstab ist, dann dürften sich alte Menschen gut aufgehoben fühlen. Mir scheint, daß Alte in diesem Heim nicht abgeschoben auf ihr trostloses Ende warten, sondern neue Formen der Kommunikation, des Miteinanderlebens finden. Aber es kann sein, daß wir in der kurzen Zeit unseres Besuchs nur die Fassade gesehen haben, hinter der sich das gleiche Leid verbirgt, wie es in unseren Heimen allzuoft zu finden ist.

Stadtbummel

Szenenwechsel. Wir bummeln über den Kolchosmarkt. Ein riesiges Areal, über dessen Mittelpunkt sich das hohe Dach einer Markthalle wölbt. Ringsherum viele Buden und Verkaufsstände. In der Halle verschaffen wir uns auf der Brüstung zunächst einen Überblick. In langen Reihen quer durch die ganze Halle sind Verkaufstische aufgebaut, die meisten mit Waagen und mit den traditionellen Rechengeräten, dem Abakus, ausgestattet. Links sehen wir eine Abteilung, in der Kleidung angeboten wird. Eine junge Frau mit ihrer Mutter probiert einen Brautschleier nach dem anderen aus. Dann schließen sich Obst- und Gemüsestände an. Die Vielfalt der Angebote ist größer, als wir gedacht haben – wieder eines unserer Vorurteile!

Wir schlendern die langen Gänge entlang; von Verkaufshektik ist hier nichts zu spüren. Es sind nicht allzuviele Käufer zu sehen. Vielleicht weil die Preise auf diesem freien Markt für die meisten doch zu hoch sind? Blumenverkäuferinnen offerieren uns Gladiolen und Rosen. Exotische Gerüche von eingelegten Dillstangen, Gewürzen und Knoblauch umgeben uns. Überall werden wir freundlich mit Informationen über die angebotenen Waren bedacht – angesichts der Sprachschwierigkeiten ein nicht immer erfolgreiches Unternehmen. Um einen Wurststand im hinteren Teil der Halle haben sich Leute versammelt. Einer nach dem anderen zieht mit einer prallen Plastiktasche mit Dauerwürsten davon – ein Einkauf für Freunde, Verwandte und Mitbewohner. Draußen vor der Halle sieht es ganz anders aus. Hier herrscht ein lebhaftes Treiben. Lange Schlangen von Käufern vor den aufgestapelten Kisten: Tomaten, Wurst, Trauben, Birnen, Stoffe. Offenbar gibt es hier besonders preiswerte Ware, denn in der Markthalle steht vor den Ständen mit den Tomaten kaum jemand. Eine Attraktion ist ein erfrischendes Getränk, das aus ansehnlichen Fässern gezapft wird: Kwas, ein aus Brot gebrautes Bier mit leichtem Alkoholgehalt. Wir stellen uns in der Reihe der geduldig Wartenden an. Schlangestehen hat hier durchaus auch einen sozialen Aspekt: man unterhält sich miteinander, tauscht Informationen über Marktangebote aus und zeigt seine eingekauften Waren vor. Wir kommen erstaunlich schnell vorwärts, legen unsere 6 Kopeken (= 18 Pfennig) für den Liter auf den Tisch und schlendern weiter. Hier bietet eine Babuschka ein bescheidenes Häufchen Himbeeren an, dort hat ein alter Mann Waldbeeren gesammelt, vor dem Eingang der Markthalle bittet eine Großmutter Passanten, auf einer antiquierten Personenwaage Platz zu nehmen und sich für eine Kopeke das Gewicht anzeigen zu lassen.

Was wir hier nicht finden: exotische Früchte von den Philippinen, Weintrauben aus Südafrika, Bananen von United Fruits. Dieser Markt ist kein Abbild des Weltwirtschaftssystems, das den Armen Hungerlöhne für ihre Früchte bezahlt, die sie selbst zu kaufen nicht in der Lage sind. Hierhin werden nicht wie in die BRD Mangos per Luftfracht gejettet, damit dem verwöhnten Gaumen der Mitteleuropäer nur ja nichts an Genüssen fehle. Wirtschaft ohne Gewissen und auf Kosten der Ärmsten – dies tödliche Prinzip vermag ich hier nicht zu erkennen. Was angeboten wird, stammt weitestgehend aus der Gegend um Minsk, wird hier angebaut und vermarktet. Man züchtet auch keine Tomaten oder Salat mit riesigem Energie- und Düngeraufwand in gigantischen Treibhauskonzernen, sondern es sind die Früchte und das Gemüse der Jahreszeit, die zum Verkauf stehen. Natürlich hören wir auch die Geschichten von Bauern aus den südlichen Republiken, die mit einem Sack Orangen nach Moskau fliegen und – wegen der äußerst günstigen Luftverkehrstarife – mit Gewinn wieder zurückkehren. Solche Spekulationen scheinen indes doch eher die Ausnahme zu sein. Und natürlich fehlt auch das ungeheure Übermaß des Angebots, das hierzulande die überreich gedeckten Tische derer garantiert, die es sich leisten können. Aber mir scheint, daß bei den Menschen in der Sowjetunion ein höheres Bewußtsein vom Wert einer Birne oder eines Apfels vorhanden ist, während unsere Abfallgesellschaft kaum mehr wahrnimmt, daß jährlich Tausende von Tonnen Apfelsinen von Bulldozern zerquetscht und Milchprodukte zu Viehfutter umgearbeitet werden, nur damit die Überschüsse nicht die Preise drücken.

Ich verlasse den Markt nachdenklich. Was ich gesehen habe, ist vielleicht doch nur eine Idylle, die aus der Perspektive der Menschen hier anders, sehr viel rauher aussieht. Denn die Preise sind – bis auf die Grundnahrungsmittel – hoch, das Angebot ist nicht übermäßig üppig. Wie sieht die Lebenshaltung in den Familien aus? Was essen sie? Was steht in ihren Kühlschränken? Es ist schade, daß wir nur wenig Gelegenheit haben, uns darüber ein Bild zu machen.

In einer kleinen Gruppe trotten wir über die Hauptstraßen zur Metro. Individualverkehr gibt es nicht gerade viel, dafür ist das öffentliche Verkehrssystem exzellent ausgebaut. Und es funktioniert! Jeden Tag bringen Busse, Bahn und Metro Hunderttausende in die Innenstadt und wieder zurück nach Hause. Auf den Stufen zur Metro dasselbe farbenprächtige Bild, das wir schon kennen: Gladiolensträuße in langer Reihe. Überhaupt dienen die Gänge der Metro als Verkaufsstand für die unterschiedlichsten Angebote. Die Bahnhofshalle selbst ist – wie überall in der Sowjetunion – ausgestattet wie ein fürstlicher Prunksaal, keineswegs rein funktionaler Zweckbau. Die Metro scheint auch in Minsk der Stolz der Stadt zu sein, Dokument der Leistungsfähigkeit des Sozialismus, ein Prestigeobjekt, bei dem an nichts gespart wird, auch nicht an modernster Elektronik, etwa bei der Fahrkartenausgabe und dem Einlaßsystem. Aber eins fehlt, und das erleben wir als sehr angenehm: Wir werden keiner Daueraggression in Ton und Bild ausgesetzt, Werbung ist so gut wie unbekannt, schon gar nicht in der im Westen üblichen Form der Vermarktung von Frauen. Wir steigen in den dichtbesetzten Zug ein, mischen uns unter die Arbeiter und Arbeiterinnen, die auf dem Weg nach Hause sind. Viele haben ein Buch auf den Knien und lesen. Es ist schon dunkel, als wir im Hotel ankommen. Der letzte Tag in Minsk steht bevor. Ich habe das Gefühl, schon mindestens ein halbes Jahr hier zu sein – so viele Eindrücke fliegen mir zu. Aber schmerzhaft wird mir bewußt, wie klein mein Horizont immer noch ist, wie ausschnitthaft meine Perspektive. Man müßte hier leben, für ein Jahr oder auch zwei. Vielleicht könnte man dann vieles besser verstehen.

Verbrauch an Nahrungsmitteln in der UdSSR
(kg je Einwohner und Jahr)

	1970	1985
Fleisch und Fleischerzeugnisse	47,5	61,4
Milch und Milcherzeugnisse	307	323
Eier (Stück)	156	260
Fisch und Fischerzeugnisse	15,4	17,7
Zucker	38,8	42,0
Pflanzenöl	6,8	9,7
Kartoffeln	130	104
Gemüse	82	102
Obst und Beeren	35	46
Brot und Mehlerzeugnisse (Nudeln etc.)	149	133

FREITAG, 28. AUGUST

Von Angesicht zu Angesicht: Feinde schließen Frieden

Wir treffen uns mit Veteranen im Museum. Ein besonderer Saal ist für uns reserviert. Vier Männer und zwei Frauen sitzen uns gegenüber, ein Oberst, ein Major, ein Kommandeur einer Partisanenbrigade, ein stellvertretender Kommandeur einer Partisaneneinheit, zwei Partisaninnen.

Wir stellen uns vor, dann nimmt der ranghöchste Offizier das Wort. Er erzählt davon, daß man 1939 die Hoffnung auf den Nichtangriffspakt gesetzt habe. Hitler habe seine Rechnung ohne den Patriotismus der sowjetischen Bürger gemacht. Zwar waren die deutschen Armeen an Personal und Technik weit überlegen, sie kamen zunächst 25–30 km pro Tag voran, später aber nur noch 6–8 km. Hitler habe verkündet, in eineinhalb Monaten sei die Sowjetunion besiegt, aber allein für Belorußland brauchten die Deutschen dreieinhalb Monate. Die Verluste auf beiden Seiten seien sehr groß gewesen. In den besetzten Territorien bildeten sich von Anfang an kleine Partisanengruppen, später wurden sie immer größer.

Er selbst sei von Anfang an bei den Abwehrkämpfen beteiligt gewesen, habe Moskau mit verteidigt und in Stalingrad gekämpft. Nach dem Krieg sei er fünf Jahre lang in der DDR gewesen. Das deutsche Volk habe ihm gefallen wegen seiner Disziplin und seiner guten Arbeit. Jetzt sei es an der Zeit, das schwere Erbe des 2. Weltkrieges durch Völkerverständigung zu überwinden. Mit dem Satz »Unser Kommunismus bedroht kein anderes Volk« beendet er seine Ansprache.

Der Kommandeur der Partisaneneinheit, jetzt Leiter einer Baubrigade, schließt sich an. Seine Rhetorik und Begeisterung sind überwältigend. Shenja kommt bei der Übersetzung nicht mit, unterbricht den Wortschwall und bittet um ein langsameres Tempo. Er gehörte der Grenztruppe an, wurde schon zu Beginn der Kämpfe schwer verwundet, die Bevölkerung leistete ihm erste Hilfe und versteckte ihn, bis sein Bein geheilt war. Er blieb in dem besetzten Gebiet und gründete eine Partisanengruppe. Alles, was dem Feind Hilfe leisten konnte, sollte zerstört werden, war der Auftrag der Partisanen, die durch das Zentralkomitee geleitet wurden. Zuerst bestand die Gruppe aus zehn Personen, am Ende aus 600 Mann. Seine Mutter hatte 13 Kinder, 6 Jungen und 7 Mädchen. Er allein ist übriggeblieben von den Jungen, alle anderen sind umgekommen. Seine Frau wußte nach seiner Verletzung gar nicht, was mit ihm geschehen war. Sie erhielt die Nachricht, er sei gefallen. Daraufhin habe seine Mutter in der Kirche eine Totenfeier für ihn halten lassen. Erst nach langer Zeit konnte er mitteilen, er lebe und sei bei einer Partisaneneinheit.

Dann erzählt die Partisanin. 1941 war sie 13 Jahre alt. Sie hatte einen Ferienplatz in einem Pionierlager am Schwarzen Meer, aber wegen des Kriegsausbruchs konnte sie nicht dorthin fahren. Mit einem 16jährigen zusammen leistete sie erste Hilfe für Verwundete im Norden Belorußlands. In einer Straße fanden sie einen schwerverwundeten Soldaten. Ein deutsches Motorrad hielt an, der Soldat wurde kurzerhand erschossen. Einige Tage später erlebte sie die Erschießung von 16 angeblichen Kommunisten mit, darunter der Junge, mit dem sie Sanitätsdienste geleistet hatte. Ihr Onkel gehörte zu den Organisatoren des Partisanenkampfes, sie schloß sich dieser Gruppe an. Sie war Aufklärerin und Funkerin. In der Gruppe gab es auch deutsche Antifaschisten, die übergelaufen waren. Einer von ihnen nannte sie zärtlich »meine Tochter«, weil sie ihn an seine eigene Tochter erinnerte.

Wir kommen ins Gespräch. Immer wieder werden wir auf unser Vorstellungspapier hin angesprochen. Wir spüren, daß wir mit unserem Versuch, Brücken zu schlagen, auf Resonanz stoßen. Wie hat doch der sowjetische Politiker Portugalow vor kurzem unter Anspielung auf den historischen Kniefall Willy Brandts vor dem Denkmal des Warschauer Ghettos gesagt: »Wir in der UdSSR vermissen einen solchen Kniefall aus der deutschen

Seele heraus. Wenn Versöhnung zum Fundament des gemeinsamen Hauses gemacht würde, das könnte Wunder wirken.« Genau darum geht es uns.

Wir erfahren Einzelheiten über die 400 deutschen Antifaschisten, die in Belorußland auf der Seite der Partisanen mitgekämpft haben. Einer von ihnen war seit 1942 auf dem Minsker Flugplatz tätig und hat dort Kontakt zu Minsker Bürgern gefunden. Als Fahrer eines LKWs ist er mit einer Fuhre Brot zu den Partisanen übergelaufen und hat dazu noch sieben russische Kriegsgefangene mitgebracht. Unsere Gesprächspartner erzählen mit Achtung und Verehrung von diesem Mann. Wie würde sein Verhalten von ehemaligen deutschen Kriegsteilnehmern beurteilt? Könnte man die Einsicht erwarten, daß der aktive Kampf gegen die eigenen Landsleute die notwendige Konsequenz der Tatsache war, daß dieser Krieg ein Verbrechen war und alle, die ihn führten, an diesem Verbrechen mitschuldig wurden? Warum hat es bei uns so viele aufgeregte Proteste gegeben, als Norbert Blüm mit Recht sagte, Auschwitz habe schließlich nur so lange betrieben werden können, als die Front der Wehrmacht hielt? Ich fürchte, daß das Bild der Partisanen und erst recht der deutschen »Überläufer« bei den meisten »alten Kämpfern« nach wie vor von tiefen Haßgefühlen geprägt ist. Die einen gelten noch immer als verbrecherische Heckenschützen, die aus dem Hinterhalt heraus die Truppe angriffen, statt sich im offenen Kampf zu stellen, wie es dem fiktiven soldatischen Ehrenkodex entsprach. Den anderen dürfte wohl ohne weiteres das Etikett »Vaterlandsverräter« aufgeklebt werden, sie erscheinen als ehrlose Gesellen, die sich am eigenen Volk versündigt haben. Es könnte sein, daß dieses Kapitel der Kriegsgeschichte besonders dringlich der Aufarbeitung bedarf, weil hier Vor- und Fehlurteile am tiefsten verankert sind. Mit Friedrich spreche ich lange über dieses schwierige Problem. Er sagt:

Der Begriff »Überläufer« löst bei mir Unbehagen aus. In jeder Armee wird Desertion mit dem Tode bestraft, auch in der Roten Armee. Anders kann eine Armee wohl auch nicht existieren. Für mich hat dies nie zur Debatte gestanden, weil ich es nicht über mich gebracht hätte, auf den irrenden oder verbrecherischen »Bruder« zu schießen. Die Verweigerung des Kriegsdienstes – auch bis hin zum Schafott – halte ich für die christlich legitimere Haltung. Im übrigen gab es ja auch die Möglichkeit der Desertion aus Gewissensgründen in das gegnerische Gefangenenlager.

Über den Begriff »Partisan« sollten wir neu nachdenken. Wenn ich an die germanisch-deutsche Geschichte denke, dann fallen mir Namen wie Hermann der Cherusker und in den Befreiungskriegen gegen Napoleon Major von Schill und seine Offiziere ein. Eigentlich waren sie Partisanen, aber im Bewußtsein des Volkes leben sie als Patrioten und Widerstandskämpfer weiter. Vielleicht ist die negative Besetzung des Wortes Partisan genau wie das Wort Terrorist (etwa in Südafrika) nur aus der Herrschaftsperspektive von Aggressoren und Unterdrückern zu verstehen.

Auch über die Behandlung der aus Deutschland zurückgekehrten Kriegsgefangenen werden wir informiert. Die sowjetische Perspektive ist klar: Die Gefangenen und Zwangsarbeiter sind Teilnehmer des Krieges, aber sie haben keine Vorrechte. Es gibt keinen Haß auf sie, aber auch keine Bewunderung. Nach der Rückkehr wurden sie in die Armee wiederaufgenommen, wenn sie nicht als Kollaborateure entlarvt wurden. Die Prüfung dauerte drei Monate, die einzelnen Umstände jedes Falls sollten untersucht werden. Der Grund für diese Prüfung: Viele der Rückkehrer hatten in der Armee des russischen Generals Wlassow mitgemacht, der auf der Seite der Deutschen gegen die Rote Armee kämpfte.

Wir merken, daß unser besonderes Interesse für sowjetische Zwangsarbeiter und Kriegsgefangene nicht geteilt wird. Viele von uns haben sich zu Hause mit dem Schicksal dieser Menschen beschäftigt, haben Orte ihres Leidens aufgesucht, Dokumentationen angefertigt, Gräber gepflegt. Dies ist unser »Zugang« zum Krieg gegen die Sowjetunion gewesen. Hier in Minsk treffen wir auf Vorbehalte, die oft unausgesprochen zwischen uns stehen. Uns wird klar, daß der Maßstab der sowjetischen Gesprächspartner nicht der unsere ist. Und dieser Maßstab im Krieg hieß: Wer sich ergibt, verrät sein Volk. Es ist die Radikalität dieses Maßstabs, der auf die Kriegsgefangenen ein zweideutiges Licht fallen läßt. Zudem weiß man hier, daß Kriegsgefangene und Zwangsarbeiter häufig in der deutschen Rüstungsproduktion eingesetzt waren und – wenn auch gegen ihren Willen – dazu beitrugen, den Krieg zu verlängern. Erst allmählich scheint das Bewußtsein dafür zu wachsen, in welcher furchtbaren Situation die russischen Kriegsgefangenen in Deutschland waren. Und damit auch die Bereitschaft einzugestehen, daß mit den Rückkehrern oft ungerecht und unwürdig umgegangen wurde.

Am Schluß erzählt Herr Sinjewitsch. Er war Oberschullehrer, ist 75 Jahre alt. Als Verbindungsmann der Veteranen zu den Schulen geht er zusammen mit anderen Veteranen am 1. September in den Unterricht. Dort versucht er den Kindern und Jugendlichen die Arbeit für den Frieden nahezubringen. Er selbst hat als Hauptmann der Infanterie in der kriegsentscheidenden Schlacht am Kursker Bogen gekämpft. Am Ende des Krieges war er in Berlin bei der Befreiung dabei. Er trägt das Abzeichen »Bester Lehrer der Republik«. In einer bewegenden Szene spricht er Friedrich direkt an. Es kommt heraus, daß die beiden Männer sich 1943 am Kursker Bogen gegenüberstanden. Friedrich steht auf, sagt zu ihm: »Ich will Frieden mit Ihnen schließen«, und geht auf ihn zu. Beide umarmen sich und drücken sich die Hände. So geschieht Versöhnung, denke ich. »Ich will ihm nur noch einmal begegnen, bei Kaffee und Kuchen«, sagt Friedrich später.

Der Metropolit lädt zum Tee

Am Nachmittag sind wir nun doch noch zu viert bei dem Metropoliten von Minsk und Belorußland, Filaret, eingeladen. Er leitet das Außenamt der russisch-orthodoxen Kirche. Shenja weiß nicht so recht, wo die Residenz des Metropoliten liegt. Woher soll sie auch dieses Haus kennen; schließlich sind wir die erste Gruppe, die solche Sonderwünsche äußert. Um so überraschter sind wir, als wir nach langem Marsch durch die Stadt endlich ankommen: Vor uns liegt ein imposanter Neubau, architektonisch pfiffig gestaltet, der deutlich von der etwas heruntergekommenen Umgebung absticht. Noch größer ist unser Erstaunen, als wir durch die Glastür in den luxuriösen Empfangsraum eintreten. Kristallene Kronleuchter, über dem Eingang eine überlebensgroße Ikone, spiegelblanke Fußböden aus wertvollen Steinplatten, eine pompöse Sitzgruppe für die wartenden Besucher. Welches Landeskirchenamt könnte sich hierzulande einen solchen Bau leisten? Er spiegelt das Selbstbewußtsein einer Kirchenhierarchie, die sich immer für die allein legitime Kirche in der Nachfolge von Byzanz gehalten hat und immer in Konkurrenz zur römisch-katholischen Kirche stand. Wir werden von dem persönlichen Referenten des Metropoliten empfangen, dann begrüßt uns Filaret selbst. In einem langen, schwarzen Priestergewand, mit dem obligatorischen Rauschebart und tiefer melodischer Stimme strahlt er die erhabene Würde seines Amtes aus. Er geht uns voran und zeigt uns seinen Palast. Überall hängen Ikonen und Bilder, eine Hauskirche eigens für den Metropoliten und Besucher ist im Obergeschoß eingerichtet, mit allen Utensilien und in der ganzen Pracht einer orthodoxen Kirche. Filaret selbst bewohnt eine sehr gut ausgestattete Privatwohnung mit Dachterrasse im dritten Stock.

Wir werden an einen gedeckten Tisch gebeten, eine Nonne (die sich devot im Nebenzimmer aufhält) hat eine meisterliche Torte gebacken, Schalen von Konfekt stehen auf dem Tisch. Filaret ist ein sympathischer Mann, etwa 50 Jahre alt, aber auch mit einer gewieften Bauernschläue. Das Gespräch verläuft freundlich, aber von unserer Seite aus etwas unsicher, während Filaret in gewohnter Souveränität mit uns spricht. Als Protestanten sind wir den Umgang mit kirchlichen Würdenträgern nicht gewohnt. Insgeheim reagieren wir wohl doch auf die klerikale Hierarchie mit einer gewissen Unterwürfigkeit.

Unser Gespräch dreht sich um die Absicht unseres Besuchs in Minsk und um die Situation der Kirche in der Sowjetunion. Daß wir von unseren Kirchenleitungen den Gutschein für einen Fotokopierer als Gastgeschenk mitgebracht haben, stößt bei Filaret auf großes Interesse. Den kann er gut gebrauchen, denn oft finden ökumenische Konferenzen in seiner Residenz statt, für die er eigens in Moskau Papiere kopieren lassen muß. Ich stelle mir vor, wie es wäre, wenn unsere Kirchenbehörden ihren einzigen Kopierer in Hannover bei der EKD stehen hätten. Dies wäre die völlige Entmachtung der Bürokratie. Die Belanglosigkeit der meisten Texte, Entschließungen, Manifeste und Gesetze würde sich sehr bald herausstellen. Der Inflation der geschriebenen Worte wäre ein Riegel vorgeschoben. Nicht alles und jedes könnte gedruckt und vervielfältigt werden und damit dem unweigerlichen Untergang im Papierkorb der Pfarrerinnen und Pfarrer entgegengehen. Ganz neue Kommunikationsformen mit den Gemeinden wären gefordert. Vielleicht könnte die »Kirche aus Papier« wieder zu einer Kirche werden, in der sich die Kirchenämter, Synoden und Kirchenleitungen in anderer Weise den Christinnen und Christen stellen und ihre Funktionen neu definieren. Ob uns die Kirchen in der DDR hier nicht weit voraus sind?

Wir werden von Filaret herzlich verabschiedet, bekommen noch einige Repräsentationsfotos der Stefanuskathedrale in die Hand gedrückt und verlassen die Residenz des Metropoliten mit einiger Heiterkeit; schließlich erlebt man nicht alle Tage einen leibhaftigen Metropoliten.

Malyj Trostinec: Erinnerung und Vergebung

Unser letzter Besuch gilt der Gedenkstätte des Konzentrationslagers Malyj Trostinec, in dem über 200 000 Menschen umgebracht worden sind. Es liegt am Stadtrand von Minsk. Mir geht während der Fahrt durch die endlosen Siedlungen der Stadt auf, welche ungeheure Aufbauleistung hier vollbracht worden ist. Trotz zweier verheerender Kriege ist das Land in 70 Jahren in die Neuzeit katapultiert worden. Sicher: unter enormen Verlusten und mit tragischen Fehlentscheidungen. Aber das ändert nichts daran, daß die Menschen heute in einem Land wohnen, in dem es sich durchaus zu leben lohnt.

An der Gedenkstätte erläutert die Partisanin, die mitgekommen ist, daß jeder Deutsche, der im Krieg in die SU kam, als Feind angesehen wurde. »Wir konnten keine Unterschiede machen. Aber ab und zu sah man doch, daß es gute Menschen auch bei den Deutschen gab.« Aber wer diese guten Menschen waren, bleibt etwas unklar. Waren es doch nur die übergelaufenen Antifaschisten?

Wir stellen uns im Halbkreis um die Gedenksäule herum. Zwei aus unserer Gruppe haben eine kleine Andacht vorbereitet. Sie sprechen aus, was wir in dieser Woche erlebt haben:

Wir gedenken der 2,3 Millionen Menschen Weißrußlands, die in den Jahren 1941 bis 1945 und später Opfer deutscher Verbrechen geworden sind.
Wir gedenken an dieser Stelle besonders der 206 500 Männer, Frauen und Kinder,

die in den 62 Arbeits- und Vernichtungslagern zusammengepfercht, erschossen und zu Tode gequält worden sind.

Wir gedenken der Bewohner der über 600 vernichteten Dörfer. Mit Scham und Trauer denken wir insbesondere an das unbeschreibliche Leid, das in den Mordnächten über die Kinder gebracht wurde.

Wir schämen uns der Verbrechen an wehrlosen Kindern, die als Blutspender für die Wehrmacht für medizinische Experimente mißbraucht wurden von Deutschen zu deutschem Nutzen.

Wir denken an jene Überlebenden, die heute noch von den Schreckensbildern verfolgt werden und ihre Ängste nicht losgeworden sind.

Dem Gedenken an die Opfer wollen und können wir nicht ausweichen. Aber wir hören auch, daß Gott den Tod des Sünders nicht will, sondern daß dieser umkehrt und neu leben kann. Es ist eine Befreiung, daß gerade an diesem Ort von der Vergebung der Schuld gesprochen werden kann; all das Gesehene und Erlebte lastet nicht auf uns für ewige Zeiten, versperrt nicht die Tür zur Versöhnung mit den Menschen hier, sondern hilft uns, zu ihnen zu finden. Diese Erfahrung haben wir in Minsk gemacht. Sie werden wir mit zurücknehmen in unsere Kirchengemeinden und Gruppen.

Abschied

Wir nehmen Abschied von Minsk, bummeln zu guter Letzt noch einmal durch die Stadt und kaufen ein. Wir trauen uns tatsächlich! Es ist mit einem Wörterbuch gar nicht mal so schwer. Erst als wir in einem Geschäft feststellen, daß wir nicht einfach auf einen Käse zeigen können, sondern ihn erst an der Kasse bezahlen müssen, wird es schwierig. Wie soll man der Kassiererin klarmachen, daß man von der Sorte zu 3 Rubel 20 genau 200 Gramm wünscht? Aber es gelingt schließlich doch. Hinter uns hören wir Leute tuscheln und sehen in freundlich lachende Gesichter. Einmal auf den Geschmack gekommen, kaufen wir noch mehr ein: »grüne« Birnen, Äpfel, Brötchen, Kuchen.

Für den Abend hat sich die Gruppe ein richtiges Abschiedsfest vorgenommen. Immer wieder haben wir unsere Gesprächspartner während der Woche schon auf dieses Fest hingewiesen und sie eingeladen.

Zunächst wird Shenja reich beschenkt. Es ist für beide Seiten rührend. Sie habe nie gedacht, daß Pfarrer so sympathisch sein könnten, sagt sie, zu unseren Pastorinnen und Pastoren gewandt. Jeder von uns sei eine eigene, ganz besondere Persönlichkeit. Gemeinsam sei uns, daß wir »menschlich« seien. Sie vergleicht mich mit Karl Marx und meint das offenbar als Kompliment.

Dann treffen wir uns im Eßsaal mit einigen unserer Gesprächspartner. Leider sind nicht so viele gekommen, wie wir gehofft hatten. Warum? Haben wir vielleicht doch einige überfordert? Wie immer werden Reden gehalten, vorformulierte und spontane. Unsere Seniorin begrüßt die Gäste:

Die Ehre, zu Ihnen sprechen zu dürfen, verdanke ich der Tatsache, daß ich die älteste Frau in unserer Gruppe bin. Wir freuen uns sehr, daß Sie zu uns gekommen sind. Wir hoffen, daß es nicht nur für uns ein erfreulicher Abend wird. Wir haben in diesen Tagen viel gesehen und gehört. Jeder wird nach seinen Neigungen und Interessen andere Schwerpunkte gesetzt haben. Für mich war das aufwühlendste und beeindruckendste Erlebnis der Gang durch Chatyn. Das ist anderen sicher auch so gegangen. Wir versprechen Ihnen, daß wir, wenn wir zu Hause sind, in unseren Familien, im Freundes- und Bekanntenkreis, in unseren Kirchengemeinden berichten werden. Wir werden versuchen, andere Leute zu so einer Reise mit der gleichen Motivation zu ermutigen. Unsere Reise war ein Schritt, ein ganz kleiner, zur Verständigung unserer Völker. Wenn viele Leute diesen Schritt tun, so hoffen wir, werden irgendwann Ihre Völker, vor allem das belorussische, bereit sein, unserem Volk zu verzeihen, was es Ihnen im letzten Krieg Böses zugefügt hat. Wir alle hoffen, daß wir uns einmal wiedersehen, vielleicht hier in Minsk? Oder bei uns?

Ihr antwortet eine frühere Partisanin, Frau Sacharowa:

Ich bin tief bewegt durch das heutige Treffen. Ich bin 85 Jahre alt und freue mich, daß ich bis zu diesem Tage gelebt habe. Ich war Kommissarin eines Regiments, eines Männerregiments aus 700 Offizieren. Ich habe alle Kriegstage hinter mir, war in einem Kampf verwundet, und meine Söhne haben auch gekämpft. Einen Sohn habe ich erst nach dem Krieg wiedergetroffen. Jetzt sind wir eine große Familie. Durch meine Söhne habe ich sechs Urenkelkinder. Schauen Sie, wie schön das Leben ist! Und ich freue mich, daß wir uns treffen zu einer großen Völkerfamilie. Ich freue mich mit meinem ganzen Herzen. Früher haben wir gegeneinander gekämpft, und heute bemerken wir nicht, daß wir zu verschiedenen Nationen gehören. Das ist eine große Sache. Das Wichtigste ist, daß die Menschen miteinander verwandt sind.

Sie selbst haben alle Kinder. Der Frieden hat uns die Möglichkeit gegeben, daß wir unsere Kinder, Enkel und Urenkel erziehen können. Ich wende mich besonders an die Frauen, von ihnen hängt viel ab. Wir erziehen die Kinder, und wie wir sie erziehen, davon hängt alles ab!

Ich freue mich darüber, daß wir uns treffen, daß wir einander gut verstehen, daß wir Freunde geworden sind. Unsere Gedanken gehen in eine Richtung. Mögen wir uns öfter treffen!

Eine faszinierende Frau! Einer aus unserer Gruppe hat sie besucht. Er berichtet von ihr:

Alexandra Sacharowa besitzt eine Datscha und hätte sich wohl – auf Grund ihrer Stellung – auch ein eigenes Haus leisten können. Aber sie lebt bescheiden in einem Hinterhaus. Von außen sieht es abgewohnt aus. Drinnen ist es solide und wohnlich. Wir genießen ihre Gastfreundschaft. Natascha, ihre Enkelin, Kandidatin der Wissenschaften, kocht Tee für uns und bereitet mit Tomaten und Käse überbackenes Brot. Plätzchen und russisches Konfekt stehen bereit.

Alexandra erzählt lebhaft, mit großen sprechenden Augen. Sie strahlt Lebensmut und Freundlichkeit aus; was sie sagt, ist lebensbejahend. Sie will nicht hervorgehoben und gerühmt werden; das paßt zu ihrem Lebensstil.

Ich kann gar nicht auf Anhieb fassen, wie viele Orden Frau Sacharowa hat, wie viele Generale sie kennt, welche hohen Stellungen sie innehatte. Um so mehr fasziniert mich ihre menschliche Wärme, wenn ich mir vorstelle, daß diese Frau eine Truppe von Männern anführte, um ihr Vaterland von der Besetzung zu befreien, daß sie jahrelang im Wald lebte. Es war eine harte Zeit, sagt sie, aber eine schöne Zeit. Da habe sie sehr viel Kameradschaft und Hilfsbereitschaft erlebt. Auch ihren zweiten Mann hat sie da kennengelernt.

Offenbar weiß Alexandra Sacharowa nicht genau, wann sie geboren ist. Die Zeit ihrer Kindheit – sie ist Jahrgang 1901 oder 1902 – verliert sich im Dunkel ihrer Erinnerung. In dem Dorf, in dem sie aufwuchs, gab es keine Schule. Vom Vater habe sie etwas Lesen und Schreiben gelernt, sagt sie. Wohl bevor er wegen seiner Beteiligung an der Revolution (1905–1907) nach Sibirien verbannt wurde. Viel lieber habe sie Kühe gehütet und Holz aus dem Wald geholt. Eine gute Vorbereitung auf den Partisanenkampf, so denke ich. Erst 1917 begann sie richtig zu lernen. Sie wollte Lehrerin werden.

Als sie sieben Jahre alt war, starb ihre Mutter. Ihre jüngste Schwester war gerade acht Monate alt. Sie mußte für ihre Geschwister sorgen. Ein Jahr später kamen die beiden jüngeren Geschwister in ein Kinderheim, sie und der ältere ihrer beiden Brüder mußten auf einem fremden Bauernhof arbeiten. Die harte Arbeit machte sie stark und gesund. Auch heute noch hält sie viel von körperlicher Arbeit und ist gern im Garten ihrer Datscha.

Alexandra hat früh geheiratet, mit 17 Jahren, und bald ein Kind bekommen. Ihr Mann wollte nicht, daß sie Lehrerin wurde und studierte. Noch bevor sie mit dem Fernstudium fertig war, unterrichtete sie schon in der Dorfschule. Einmal zog ihr Mann sie an den Zöpfen aus der Schule. Sie wollte aber unbedingt weiterstudieren und lief ihrem Mann davon. Damit ihr Sohn nicht als Einzelkind aufwuchs, adoptierte sie noch ein Waisenkind. Von 1923 bis 1938 war sie Lehrerin und wurde dann Lektorin im Zentralkomitee der KP Belorußlands.

In dieser Eigenschaft war sie am 22. Juni 1941 auf Dienstreise zu einem Vortrag bei Truppen der Roten Armee in der Nähe der Grenze zu Preußen. Es gelang ihr nicht mehr, sich zu ihren Kindern nach Hause durchzuschlagen. Ihr Dorf wurde, wie hundert andere, dem Boden gleichgemacht. Sie wurde Partisanin, gründete eine Partisanengruppe mit Jugendlichen, die sich einer Partisanenbrigade anschloß. Sie selbst wurde Kommissarin eines Regiments dieser Brigade. In den Kämpfen mit den Deutschen wurde sie verwundet. Das Gelenk des rechten Ellenbogens ist zerstört. Wenn sie mir die Hand reicht, führt sie mit der linken Hand den rechten Arm. Sie sagt, daß sie nicht nur mit Waffen kämpfte, sondern auch mit dem Wort. Wenn ich sehe, wie sie spricht, kann ich mir gut vorstellen, wie sie die Männer ihrer Truppe mitreißen konnte.

Einer ihrer Söhne fiel im Krieg, den anderen fand sie nach dem Krieg in Berlin wieder. Am Reichstagsgebäude gravierte sie ihren Namen ein. Den Mann, den sie im Partisanenkampf kennengelernt und auch gepflegt hatte, heiratete sie, nachdem dessen Frau an Krebs gestorben war.

Die Stimmung in der großen Runde ist ungezwungen und fröhlich. Verständigungsprobleme werden mittlerweile recht souverän mit einem Kauderwelsch aus Deutsch, Russisch, Englisch und einer Hand- und Fußsprache gelöst. Herr Bejdin neben mir erweist sich als äußerst anregender und unterhaltsamer Gesprächspartner. Seine historischen Assoziationen und Erfahrungen sprudeln nur so aus ihm heraus. Friedrich unterhält sich mit dem Hauptmann vom Kursker Bogen, sie erzählen sich Kriegserlebnisse; ich bekomme nebenbei mit, daß beide noch heute unter ihren Träumen leiden. Auch zwei schon reichlich angetörnte Russen, die einige kennengelernt haben, sind da und versuchen sich in einer englischen Rede und mit einem mißglückten Duett. Nebenan feiert ein junges Paar ausgelassen seine Hochzeit.

Vielleicht sind solche informellen Kontakte noch viel wichtiger als die Informations- und Gesprächsbesuche, die wir in dieser Woche absolviert haben. Vielleicht lernt man Russen tatsächlich erst beim Wodka so kennen, wie sie sind. Aber diese Fragen stellen all das, was wir erlebt haben, nicht in den Schatten.

Eine kurze Nacht. Um 12 Uhr schlafe ich ein, um 4 Uhr steht der Kofferträger vor der Tür. Um 4.40 Uhr geht es mit dem Bus zum Bahnhof. Es ist kalt – nach acht Tagen voller Sonnenschein. Wir müssen warten, denn der Zug hat sich eine halbe Stunde verspätet. Unser Abteil ist neu. Hier läßt es sich aushalten.

Gleich nach der Abfahrt treffe ich auf dem Gang einen Russen, der mich um Feuer bittet. Ich schenke ihm eine Schachtel Streichhölzer, die ich zufällig parat habe. Zwei Minuten später kommt er mit einem lebenden Hummer an, den er in seinem Koffer verstaut hatte. Lebhaft gestikulierend bedeutet er mir, das sei sein Dank für die Streichhölzer. Ich lehne fast entsetzt ab. Was soll ich bloß mit einem Hummer? Etwas irritiert verläßt er uns und kommt mit einer Luxuspackung von Likörfläschchen aus Schokolade zurück. Wir können sein Geschenk nicht ablehnen. Mit Händen und Füßen verständigen wir uns. Er ist Gleisbauingenieur aus Minsk, lädt uns ein, noch einmal in die Stadt zu kommen. Dann will er uns die Stadt zeigen.

In Brest nutzen wir den Aufenthalt. Ich gehe in die Stadt, schaue mir einiges an, kaufe Bonbons ein. Andere eilen zur Brester Festung, um noch einige Bilder aufzunehmen.

Die Fahrt verläuft ruhig, unsere Reise klingt aus. Erste Auswertungen und Interpretationen werden ausgetauscht. Wir haben ungeheuer viel gesehen, auch wenn wir nur einen kleinen Ausschnitt des Lebens in der Sowjetunion kennengelernt haben. Der Speisewagen, in dem wir fast zwei Stunden festgehalten sind, weil unterwegs kein Stopp stattfindet, entwickelt sich zu einem Kommunikationszentrum.

Die Kontrollen gehen glatt über die Bühne. Im Eiltempo schaukeln wir durch die polnische – ehemals deutsche – Landschaft, die ich jetzt erst richtig wahrnehme. Polen möchte ich gern als nächstes besuchen. In Warschau steigen wir aus, bummeln für eine halbe Stunde über den Bahnhof. Vor der Zollstation des Bahnhofs erklingt ein Friedenskanon:

Wenn einer alleine träumt,
ist es nur ein Traum.
Wenn viele gemeinsam träumen,
so ist das der Beginn,
der Beginn einer neuen Wirklichkeit.
Träumt unsern Traum.

Polnische und DDR-Grenzer schauen erstaunt zum Schlafwagen Nr. 8, wo Träumer sich singend voneinander verabschieden, bevor sie sich noch einmal zur Ruhe legen. Aufgebrochen zu dieser »Traumreise« vor acht Tagen. Sonntagmorgen kommen wir an – erschöpft, aber glücklich über diese Reise. Sie hat sich gelohnt.

Was hat sich verändert – was bleibt zu tun?

Über ein Jahr ist vergangen. Die Reise hat Wellen geschlagen. Eine Reihe von Berichten in Tageszeitungen und Gemeindeblättern ist erschienen; Dutzende von Gemeindeabenden und Vorträgen haben wir gehalten; Diavorträge haben andere angeregt, selbst eine Reise zu planen und durchzuführen. Unser Gesprächspartner Herr Bejdin ist noch im selben Jahr zu einer Vortragsreise in Westfalen gewesen. Unsere Kontakte in die Sowjetunion sind enger geworden. Einige aus unserer Gruppe sind inzwischen ein zweites Mal dort gewesen. Es wird wohl keinen aus unserer Gruppe geben, der nicht alle Nachrichten aus der Sowjetunion und vor allem aus Belorußland aufmerksam verfolgt.

Inzwischen ist der INF-Vertrag über die Vernichtung der Mittelstreckenraketen ratifiziert – ein kleiner, aber sehr wichtiger Schritt zu einer Vertrauensbildung zwischen den Großmächten. Die sowjetischen Truppen sind aus Afghanistan in ihre Heimat zurückgekehrt. Vor den Vereinten Nationen hat Gorbatschow den Abzug von 500000 Soldaten und 10000 Panzern bekanntgegeben – die Feindbilder verlieren immer mehr an Glaubwürdigkeit; schon sieht sich die Regierung der Bundesrepublik genötigt, die Notwendigkeit der Bundeswehr »offensiv« gegen die eigene Bevölkerung zu vertreten, der weder die Höhe des Rüstungsbudgets noch die Allgegenwart der Militärmaschinerie und schon gar nicht die geplante Aufrüstung mit neuen Kurzstreckenraketen einleuchten will.

In der Sowjetunion hat die Politik von Perestroika und Glasnost an Dynamik gewonnen, weitere Bereiche werden davon erfaßt: politische Strukturen, Wirtschaft, Presse, Kultur und Wissenschaft. Eine tiefgreifende Auseinandersetzung mit den Schrecken der Stalinzeit hat begonnen – Zeichen dafür, daß es nicht um ein kurzatmiges Krisenmanagement geht, sondern um eine langfristige Neuorientierung der Sowjetunion. Für mich ist es atemberaubend, in welchem Tempo sich die sowjetische Gesellschaft und Politik wandelt. Daß damit die Widerstände größer werden, die sich den neuen Entwicklungen entgegenstellen, daß Probleme aufbrechen, die man bisher gar nicht gekannt hat oder die über Jahrzehnte verdeckt waren und daß schließlich die Unsicherheiten über die Erfolge des Kurses Gorbatschows auch jetzt noch recht groß zu sein scheinen – all das ist zugleich sehr verständlich und beunruhigend. Aber ein derart revolutionärer Prozeß der Umgestaltung braucht wohl seine Zeit; das gilt besonders für den wirtschaftlichen Bereich, der sich immer stärker als Testfall für die Richtigkeit der Perestroika erweist. Inzwischen scheinen die westlichen Länder zu begreifen, daß die »Politik des neuen Denkens« auch für sie selbst ein Glücksfall ist, der sie zum Umdenken herausfordert. Diese historische Chance zu einem friedlichen und konstruktiven Miteinanderleben wird nicht wiederkommen. Sie darf nicht verspielt werden.

Was wir dazu tun können, um den Prozeß der Versöhnung und Verständigung voranzutreiben, werden wir tun. Wir wollen auch gegenüber unseren Gesprächspartnern Wort halten. In unseren Kirchen sind das Gespräch und die konkreten Versuche, Brücken der Verständigung zu schlagen, weitergegangen. Das Fest anläßlich der Taufe Rußlands vor 1000 Jahren bot dazu einen guten Anlaß. Bis weit in die Gemeinden hinein hat der Gedanke der Versöhnung besonders die Menschen ergriffen, die den Krieg selber miterlebt haben und die nun mit ihrer eigenen Geschichte ins reine kommen wollen. Natürlich treffen wir auch auf Hindernisse. Immer wieder meldet sich der Antikommunismus zu Wort, unfähig zu der Einsicht, daß auch in der Sowjetunion nur Menschen wohnen, die *leben* wollen, die mit ihren Familien und Freunden glücklich sein wollen und die genau wissen, daß es keinen Krieg mehr geben darf. Es ist gerade für Christen schwer, von Kommunisten zu lernen.

Es wird ein Bohren dicker Bretter werden, die Versöhnung mit den Völkern der Sowjetunion voranzutreiben. Aber wer sagt denn, daß aus diesen Brettern nicht endlich ein stabiles Gerüst für ein gemeinsames Haus gezimmert werden könnte?

KLAUS VON BISMARCK

*Das Vergessenwollen verlängert das Exil,
und das Geheimnis der Erlösung
heißt Erinnerung*

Besuch in Chatyn

Es waren meine Erfahrungen bei einem Besuch in Minsk im Herbst 1986, die mich ganz persönlich, aber auch als Präsidiumsmitglied im Hinblick auf den Deutschen Evangelischen Kirchentag 1987 in Frankfurt, veranlaßt haben, über das Thema »Versöhnung mit der Sowjetunion« neu nachzudenken. Den stärksten Schock bei diesem Besuch in Minsk vermittelte mir der Besuch der Gedenkstätte Chatyn. Die Gedenkstätte, die sehr eindrucksvoll und weiträumig an der Stelle eines Dorfes mitten im Walde errichtet wurde, erinnert daran, daß dieses Dorf mit seiner gesamten Zivilbevölkerung – wie 185 weitere Dörfer in der Umgebung – von deutschen Truppen im März 1943 dem Erdboden gleichgemacht wurde.

Durch Minsk führte im Krieg in nordostwärtiger Richtung die Nachschublinie der deutschen ›Heeresgruppe Mitte‹ in Gestalt der Eisenbahnstrecke und der sogenannten Rollbahn. Die Wälder und Sümpfe rings um Minsk waren das Hauptgebiet von vielen Tausenden russischer Partisanen.

Sie betrieben in ihren Waldverstecken im allgemeinen relativ ungestört ihre militärische Ausbildung, um in schnellen Vorstößen fast jede Nacht die Hauptnachschublinien durch Sprengungen zu unterbrechen.

Die ständige Bedrohung der Nachschublinien wurde offenbar für die deutsche Führung bald unerträglich. Es gab alsbald einen Führerbefehl, auf die russische Zivilbevölkerung, d. h. Frauen und Kinder, bei der Partisanenbekämpfung keine Rücksicht mehr zu nehmen. Drei Wehrmachts-Sicherungs-Divisionen wurden an den Rand des großen Waldes verlegt, um »Ordnung zu schaffen«. Wie geschah dies? Starke deutsche Wehrmachts(!)-Einheiten rückten plötzlich auf ein Dorf mitten im Waldgebiet vor. Sie verbrannten die Häuser und auch die gesamte Zivilbevölkerung, also Frauen und Kinder und ein paar alte Männer, in ein oder zwei Scheunen zusammengetrieben.

So geschah es in 186 Dörfern. Nur ganz wenige entkamen und überlebten.

»... unaufgearbeitete Zone in mir selbst«

Ich war im Herbst 1986 nicht sogleich darauf vorbereitet, daß mich an diesem Ort und über einundvierzig Jahre nach dem Ende des Weltkrieges das Undenk- und Unfaßbare der Schrecken dieses Krieges noch einmal so direkt anrühren würde.

Ich habe das gleiche von einem jungen Mädchen gehört. Sie war mit der »Aktion Sühnezeichen« in Minsk tätig. Dieses Mädchen konnte nach einem Besuch an dieser Gedenkstätte nächtelang nicht schlafen, von dem Schock, den ich selbst dort empfing, kann ich dies gut verstehen. Viele Jahre fühlte ich mich vor einer solchen Elementarerfahrung geschützt, weil ich im Bewußtsein, in unserer Truppe hat es solche Kriegsverbrechen nicht gegeben – das war die »SS« –, mich nicht selber durch solche Geschichten angefochten fühlte. Solche Inseln der vermeintlich »guten Soldaten« boten mir jedoch nach der Erfahrung 1986 bei Minsk keinen Schutz mehr.

Die Anlage der Gedenkstätte Chatyn drückt keine Anklage gegen die Deutschen aus. Aber als Deutscher und zumal als Soldat, der vier Jahre in Rußland – allerdings nur an der Front – eingesetzt war, kann man einem tiefen Schrecken und Trauer über diese in deutschem Namen begangenen Verbrechen nicht ausweichen. Noch am Ort zweifelte ich, ob diese Verbrechen in der Tat Wehrmachtseinheiten zur Last gelegt werden könnten. Aber meine Recherchen nach meiner Rückkehr aus der Sowjetunion bestätigten leider für Chatyn voll das Ausmaß und den Hergang der von Deutschen begangenen Verbrechen gegen die Menschlichkeit – und zwar durch Wehrmachtseinheiten, sog. Sicherungs-Divisionen. Vorher war ich, wie erwähnt, fest der Meinung, daß fast alle mir bekannten Verbrechen gegen die Menschlichkeit, die im Hinterland an der russischen Zivilbevölkerung bzw. im Umgang mit den russischen Kriegsgefangenen in deutschem Namen begangen wurden (wie ich nach und nach hörte), der SS oder ihren Hilfstruppen zur Last zu legen seien.

Ich bestritt also noch in Chatyn gegenüber der russischen »Führung« durch die Gedenkstätte, daß Wehrmachtstruppenteile in solchem Ausmaß beteiligt waren. Nachfragen nach meiner Rückkehr aus Minsk (beim Militärgeschichtlichen Forschungsamt in Freiburg i. B., aber nicht nur dort) bestätigten mir jedoch leider die Korrektheit der meisten russischen Angaben in Chatyn und darüber hinaus, daß eben doch Wehrmachtseinheiten (z. B. auch in Form von Kommissar-Erschießungen) in vielen Fällen erheblich an solchen Verbrechen gegen die Menschlichkeit beteiligt waren.

Heute denke ich, daß mit mir viele deutsche Offiziere – mit ihrem naiven Glauben daran, daß die für sie noch gültige soldatische Ethik auch für die gesamte Wehrmacht gelte – seinerzeit bereits auf dem Mond lebten. Wir hatten und haben bis heute verdrängt, in welchem Ausmaß die NS-

Ideologie von den minderwertigen Slawen während des Rußlandfeldzuges so in viele Wehrmachtstruppenteile eingedrungen war, daß auch sie sich hier und dort zu Instrumenten der brutalen NS-Rassenpolitik machen ließen.

An meiner eigenen Erschütterung in Minsk wurde mir klar, daß es hier noch eine ganz unaufgearbeitete Zone in mir selbst gab.

Nach dem Urteil meiner Kameraden und in meinem eigenen Bewußtsein war ich wohl ein guter Soldat. Ungezählte positive Erinnerungen, die mich zum Mann machten, hängen mit diesem Soldatenethos zusammen. Heute muß ich mich fragen, ob der Soldat seine Integrität bewahren kann, wenn in dem Krieg, in dem er guten Glaubens sein Leben einsetzt, die Kriegführung von ihren Motiven und Grundsätzen her vor Verbrechen nicht zurückschreckt? Ich mußte viele Jahre nach dem Kriege erkennen, daß auch die Wehrmacht gewiß nicht überall, aber doch vielerorts an Verbrechen teilhatte, daß sie von der NS-Ideologie in vielen Truppenteilen schon so infiziert war, wie ich es von meinem begrenzten »Front-Horizont« her nie für möglich gehalten hätte. Es handelt sich bei den allermeisten Soldaten des Rußland-Feldzuges gewiß nicht um eine individuelle Schuld, wie durch nachweisbare Teilnahme an einem Verbrechen. Aber wir können uns doch, zumal als Offiziere, nicht aus einer Mitverantwortung für die Sache der Soldaten herausrücken, die wie wir den Vogel des Reichsadlers auf der Brust und nicht auf dem Ärmel trugen!

Solange man alles Belastende, was so nach und nach bekannt wurde, guten Gewissens auf die »böse SS« schieben konnte, war dies einfach. Aber das ist für mich jedenfalls nicht mehr möglich.

Die Partisanen waren patriotische Helden

Nach der Erfahrung Minsk begegnete ich früheren Wehrmachtsoffizieren, die – bis heute ohne jede Gewissensbelastung – bei den Aktionen um Minsk mitgewirkt hatten. Sie glaubten sich bei der Vernichtung dieser Dörfer und Menschen um Minsk, wenn sie dies »Ungeziefer« ausrotteten, bis heute völlig im Recht. Denn es seien ja keine Soldaten gewesen, sondern »Heckenschützen« (war das nicht eine Goebbels-Formulierung aus dem Frankreich-Feldzug?), die die deutschen Truppen »heimtückisch von hinten wie böse Raubtiere« anfielen. Zivilisten, die die russischen Partisanen (natürlich als viele ihrer Angehörigen in den Wäldern) unterstützten, hatten in dieser Sicht überhaupt kein Pardon verdient.

Das Museum in Minsk hat mir verdichtet klargemacht, daß aus russischer Sicht diese Partisanen in den Wäldern die Prototypen patriotischer Helden »im Großen Vaterländischen Krieg« gegen die Hitler-Faschisten waren, also so wie einst die Deutschen Schill und Nettelbeck als Freischärler im Kampf gegen den Aggressor Napoleon.

Ich will drei Konsequenzen aus dieser Erfahrung für mich nennen:

1. Ohne direkte Betroffenheit, ohne Schmerz und Erschrecken ist keine Versöhnung möglich. Nur solche Betroffenheit kann auch Ausgangspunkt eines erneuten, ernsthaften Nachdenkens darüber sein, ob Krieg überhaupt heute noch als Fortsetzung der Politik mit anderen Mitteln sein kann und darf.

2. Diese Betroffenheit ist für mich heute nicht die Betroffenheit eines Unbeteiligten. Denn ich kann mich aus einer Mitverantwortung für das, was in deutschem Namen geschehen ist, was Männer in demselben grauen Rock getan haben, nicht herausziehen, auch wenn mir selbst oder meinem Truppenteil keine Kriegsverbrechen anzulasten sind. Ich kann mir nicht mehr durch das Bewußtsein vom guten Soldaten einen Entschuldigungszettel ausstellen. Ohne daß ich mich, jedenfalls als Christ, dieser Einsicht persönlich stelle, gibt es keine Versöhnung.

3. Erst dann wird der Blick frei für die Sicht des anderen.

Als Offizier war ich vier Jahre im Zweiten Weltkrieg – und zwar nur an der Front – mit der Unterbrechung von drei Verwundungen – eingesetzt. Den Schock, den ich in Minsk erfuhr, habe ich so ausführlich geschildert, weil sich in diesem Prisma persönlicher Erfahrungen lange nach Kriegsende für mich vieles spiegelt, was nach meiner Einsicht viel breiter bis heute für viele Soldaten gilt, die den Rußlandfeldzug überlebten. Einige persönliche Einsichten aus dieser Erfahrung habe ich bei meiner Schilderung des Minsk-Erlebnisses bereits eingefügt.

Demokratische Wachsamkeit und Zivilcourage

Wenn ich jetzt meine Aussagen mit ein paar Schlußsätzen bündele, so wird mir klar, daß meine langen Ausführungen der persönlichen Minsk-Erfahrungen den Eindruck erwecken könnten, als läge der Schwerpunkt des Themas meiner Einsicht dort, wo ich heute als Offizier zugeben muß, daß ich in meinem begrenzten Fronthorizont nicht wahrgenommen habe, wie weitgehend doch auch zahlreiche Wehrmachtseinheiten von der NS-Ideologie während des Krieges bereits infiziert waren. Hätte eine »saubere« Wehrmacht – mit vielen Generälen, die Adolf Hitlers Suggestion bereits erlegen waren – den deutschen Angriffskrieg verhindern können? Ich zweifle sehr.

Das Entscheidende ist für mich bei dieser Kriegs- und Nachkriegserfahrung mit der Sowjetunion die politische Einsicht meiner Mitverantwortung. Vielleicht habe ich auch zuviel von Schuld gesprochen. Politische Mitverantwortung ist richtiger für das, was ich meine.

Am Schluß steht für mich die aktuelle Frage: Wie geht man in solcher Mitverantwortung damit um, daß man de facto brutal und guten Glaubens eine Regierung, die verbrecherische Ziele setzt und sie durchsetzt, mitgestützt hat?

Hier hat ein Umdenkungsprozeß bei mir eingesetzt. Dafür reicht Erschütterung nicht. Demokratische Wachsamkeit und mehr Zivilcourage müssen mindestens zum Blick in die Zukunft hinzukommen.

ELISABETH RAISER

Liebe Vera, liebe Nina, Freundinnen in Moskau

Vom 5.–15. Oktober 1987 tagte der Koordinationsausschuß des Ökumenischen Forums Christlicher Frauen auf Einladung der russisch-orthodoxen Kirche in der Sowjetunion. Elisabeth Raiser, die als einzige Westdeutsche an der Sitzung und den Begegnungen teilnahm, schreibt den folgenden offenen Dankesbrief an die Gastgeberinnen in Moskau und Minsk.

Liebe Vera, liebe Nina, Freundinnen in Moskau!

Danken möchte ich Euch heute nach der Rückkehr von unseren gemeinsamen Tagen in Moskau und Minsk, die Ihr für uns zu einem großen Erlebnis gemacht habt und in denen Eure strahlende Wärme, Euer Lachen, Eure Hilfsbereitschaft in großen und kleinen Dingen uns überall umgaben. Zehn Tage reichster Gastfreundschaft für 13 Frauen aus elf verschiedenen Ländern und Kirchen Europas, die Verbindung von konzentriertem Arbeitsklima während unserer Sitzungen und von vielfältigen bewegenden Begegnungen mit Eurem Land, Eurer Kirche, Euch selbst – das war ein gastgeberisches und menschliches Kunstwerk, habt Dank! ...

Nina und Vera, Ihr arbeitet wie viele andere Frauen mit und in Eurer Kirche für den Frieden, und der tiefste Grund meines Dankes an Euch liegt hier, in der unerwarteten Friedenserfahrung, die wir zusammen machen konnten.

Ich hätte nie gedacht, daß die Begegnung mit der gemeinsamen leidvollen Geschichte Eures und unseres Volkes mich so erschüttern könnte. Ich war eigentlich zwar ziemlich gut vorbereitet; seit zweieinhalb Jahren hatte ich mich eingehend mit dem Krieg Deutschlands gegen die Sowjetunion befaßt, wußte von den sog. verbrecherischen Befehlen, der Niederbrennung zahlloser Ortschaften und ihrer Einwohner in Belorußland während der deutschen Besetzung, von den Konzentrationslagern hinter der Front, in denen Tausende von Sowjetbürgern umkamen, von dem Völkermord an den Juden und der gesetzlosen, unmenschlichen Behandlung der sowjetischen Kriegsgefangenen. Wir versuchen in unseren Gemeinden und christlichen Gruppen in der Bundesrepublik das Wort von Werner Krusche, dem ehemaligen Bischof von Magdeburg, ernst zu nehmen, der 1984 von der

Verdrängung der Schuld Deutschlands gegenüber der Sowjetunion als dem folgenreichsten Versäumnis der deutschen Nachkriegsgeschichte sprach. Aus all diesen Gründen hatte ich mir gewünscht, bei unserem Besuch in der Sowjetunion nach Minsk in das Museum des »Großen Vaterländischen Kriegs« und nach Chatyn zu kommen, dieser großen Gedenkstätte für all die zerstörten Dörfer und die Opfer der Kzs. Ich wollte mich dieser Erinnerung stellen und war froh, daß Ihr unserer ökumenischen Gruppe diese Besuche möglich machtet.

Das, was ich dann erlebte, war stärker als alles, was ich erwartet hatte. Am Morgen des für den Besuch festgesetzten Tages spürte ich starkes Herzklopfen – ich hatte Angst. Ich fürchtete mich vor der Situation, als einzige Westdeutsche in der Gruppe mit der Schuld, die im deutschen Namen begangen und später verdrängt worden war, konfrontiert zu werden und die anderen Frauen als Zeugen zu haben. Es würde gewogen werden, wie ich reagierte. Dein warmer Blick, Nina, und Deine Umarmung, als ich zuvor gebeten hatte, daß Annemarie Schönherr, die die christlichen Frauen in der DDR vertrat, und ich im Bewußtsein dieser gemeinsamen Geschichte und Schuld gemeinsam Blumen besorgen und vor dem Mahnmal niederlegen dürften, hatten mir Mut und Zuversicht gemacht – und doch zitterte ich. Es war mein Volk gewesen, zu dem ich gehöre und für das ich sprechen müßte – da half die an sich hilfreich gedachte offizielle sowjetische Unterscheidung zwischen Faschisten und deutschem Volk nicht mehr viel; ich weiß zu gut, daß sie zu sehr vereinfacht, und in der Haftung für das, was damals geschah, stehen wir allemal. Ich konnte nur noch Gott um Hilfe und Kraft bitten. Wir gingen zuerst in die orthodoxe St.-Alexander-Kirche in Minsk. Der Priester sprach von der Geschichte der Kirche und dann vom Krieg – wie ja alle früher oder später vom Krieg erzählten, von den schrecklichen Zerstörungen, dem Tod der Angehörigen, dem Widerstandskampf im Untergrund. Der Priester sprach von seinen Erlebnissen als Pfarrer in einem ukrainischen Dorf in der Nähe von Kiew, dessen jüdische Bewohner von den deutschen Besetzern umgebracht wurden; er erwähnte den grauenhaften Zynismus des SS-Kommandanten, der ein kleines jüdisches Mädchen, das von der Grube, die die Opfer selber graben mußten, um dann erschossen und hineingestoßen zu werden, weglaufen wollte, der dies Kind einfing, ihm lachend ein Bonbon in den Mund schob und es auf den Leichenberg in der Grube warf – lebendig wurde sie unter den Toten begraben. »Wie konnten Menschen diese unschuldigen Kinder auf so grausame Weise umbringen, das war das, was ich am wenigsten verstehen konnte!« rief er. Aber er erzählte auch von dem deutschen Soldaten, der weinend zu ihm in die Kirche kam und sich von alldem, was geschah, lossagte; sie beteten zusammen.

Diese Worte des Priesters und der geschützte Raum der Kirche, in dem die versöhnende Gegenwart Gottes für uns alle spürbar war, ließen mich dann selber sprechen, sehr stockend und recht unbeholfen, ich weiß. Aber ich konnte in diesem Moment doch sagen, wie erschüttert ich durch das

Leid war, von dem ich hörte, wie sehr ich als Mutter mit allen Müttern fühlte, die ihre Söhne, Brüder und Männer verloren haben; wie empört ich über die Grausamkeiten bin und wie leid es mir tut, daß Euch im deutschen Namen dieses unendliche Leid angetan worden ist. Und ich konnte einige Worte der Dankbarkeit dafür sagen, daß Ihr mir als Deutscher mit so viel Freundlichkeit und Liebe begegnet und mich in jedem Eurer Worte spüren laßt, daß Ihr auch uns als Schwestern und Brüder seht und an die deutschen Familien, die ihre Angehörigen im Krieg verloren haben, ebenso denkt wie an Eure eigenen. Eure Antwort war einfach: »Friede wird möglich sein. Laßt uns gemeinsam darum beten«.

Später in Chatyn, als ich im Angesicht der Hunderttausende von ermordeten Frauen, Männern und Kindern mit dem eintönigen, mahnenden Klang der Erinnerungsglocken im Ohr meine Tränen nicht mehr zurückhalten konnte, nahmt Ihr mich, nahmen Jean, die Engländerin, Ruth, die Schweizerin, Reinhuld und Inge, die Österreicherinnen, mich in ihre Mitte – jede der Frauen hatte ein tröstendes, manche ein dankbares Wort für mich. Vera, Du brachtest mir den grünen Versöhnungszweig, den ich wie ein Kleinod hüte, denn ich weiß, was das bedeutet, nachdem Deine Eltern die 900 Tage deutsche Belagerung in Leningrad erlebt haben. Auch Annemarie umgabt Ihr in dieser Weise; wir sangen alle zusammen ein »Kyrie«. Was für eine Umkehrung der Verhältnisse! Die mit der Hypothek der schuldhaften Geschichte Belasteten wurden gehalten, getragen, getröstet. Am Abend las Ruth uns den 103. Psalm: »... so ferne der Morgen ist vom Abend, läßt er unsere Übertretungen von uns sein. Wie sich ein Vater über seine Kinder erbarmt, so erbarmt sich der Herr über die, die ihn fürchten ...« Ich habe Vergebung und Versöhnung erfahren, von Euch und von den anderen Frauen, Solidarität von denen, die sich mit mir in der Haftung für die Schrecken und die Folgen des Krieges fühlen; es war für mich eine Auferstehungserfahrung – ich habe erlebt, daß die Begegnung mit der schuldvollen Vergangenheit nicht lähmt, sondern befreien kann. Die Kraft der Bindungen über die Grenzen hinweg ist stärker geworden, sie hat, jedenfalls für mich, verpflichtenden Charakter, und ich denke, Ihr habt es ähnlich erlebt. Wir brauchen diese aus der Erschütterung erwachsene und an die Versöhnung glaubende Kraft für die Arbeit am Frieden. Keine andere ist stark genug, den Anfängen des Hasses zu wehren und die Achtung allen Lebens zu verbreiten, die die Voraussetzung für einen wirklich gerechten Frieden ist.

Ich hoffe, diese Erfahrungen bei Euch hier zu Hause weitertragen zu können. Ganz einfach ist das nicht, die Gedanken der Menschen sind durch so viele andere Dinge absorbiert. Und doch haben wir einen Kairos für diese Fragen zur Zeit, durch die erstmals in der Geschichte erfolgreichen Abrüstungsverhandlungen und durch das große Interesse, das hier der neuen Politik Gorbatschows entgegengebracht wird. Dadurch sind alte Feindbilder bei uns in Fluß geraten. Man ist bereit, über Euren Sozialismus neu nachzudenken, sich zu informieren, seine Entwicklungsmöglichkeiten wahrzunehmen und nicht das ganze System in antikommunistischer Manier in Bausch und Bogen abzulehnen. Das ermöglicht Anknüpfungspunkte im Gespräch und damit eine gemeinsame differenziertere Erinnerung an die Katastrophe des Zweiten Weltkrieges, die bisher durch einen gerade auch in den Kirchen festverankerten Antikommunismus fast unmöglich war.

Ein Grundstein in dem europäischen Haus, das wir gemeinsam bauen wollen, wird die Erinnerung sein, und darauf gründen wir die Hoffnung, anstelle der Wurzeln des Krieges wie Haß und Mißtrauen, die Wurzeln der Gerechtigkeit, der geheilten Beziehungen pflanzen zu können, aus denen unsere Zukunft wachsen kann.

Das Geheimnis der Versöhnung ist Erinnerung – das habe ich mit Euch erfahren, und dafür bin ich zutiefst dankbar.

Eure
Elisabeth Raiser

RUDI DAMME

Reisen in die Sowjetunion – aber wie?

Vielleicht hatten Sie, liebe Leserin oder lieber Leser, schon längst vor, an einer Reise in die Sowjetunion teilzunehmen; es könnte aber auch sein, daß dieser Bericht Ihr Interesse erst geweckt hat und Sie nun mit eigenen Augen sehen und mit eigenen Ohren hören wollen. Bestimmt gibt es in Ihrem Freundeskreis, in Ihrer Kirchengemeinde oder in Ihrer Friedensgruppe Menschen, denen es genauso geht wie Ihnen. Die sich auch nicht mit den üblichen Touristikangeboten begnügen und nicht im Schlepptau von Kunstführerinnen durch die Galerien und Museen pilgern wollen. Menschen, die Menschen begegnen, Spuren suchen und Brücken schlagen wollen. Ein Vorschlag: Setzen Sie sich zusammen und planen Sie gemeinsam eine Fahrt – nach Minsk, nach Kiew, nach Leningrad oder Moskau. Keine Angst! Eine solche Reise ist leichter vorzubereiten als Sie denken. Es gibt mittlerweile viele, die Ihnen aus eigener Erfahrung dabei helfen können. Zum Beispiel das Internationale Bildungs- und Begegnungswerk (IBB) (Hörder Neumarkt 3, 4600 Dortmund 30), das es sich zur Aufgabe gemacht hat, den Gedanken der Versöhnung mit den Völkern Osteuropas durch Begegnungsreisen praktisch umzusetzen. Rudi Damme vom IBB macht auf wichtige Gesichtspunkte bei der Planung und Durchführung von Reisen in die Sowjetunion aufmerksam:

Reisen in die Sowjetunion sind Reisen in Feindesland

Es wäre zu einfach, wenn man in die Sowjetunion in dem Bewußtsein fahren würde, über die alte Feindschaft sei längst Gras gewachsen, man stehe der Sowjetunion doch heute unvoreingenommen gegenüber. Schließlich habe sich ja auch das Verhältnis zum ›Erbfeind‹ Frankreich grundlegend gewandelt. Das könne doch mit der Sowjetunion ähnlich sein.

So wie im Verhältnis zu Frankreich wird es mit der Sowjetunion noch lange nicht sein. Zu tief sitzen die geschichtlichen Erfahrungen aus der Kriegszeit, zu massiv sind die Vorbehalte aus der Zeit des kalten Krieges, und zu groß ist die Unkenntnis über dieses riesige Land, das mitten in einer revolutionären Umgestaltung steckt. Und vor allem: Es ist das Land, das der Westen – genauer: die NATO – noch immer als den potentiellen Feind betrachtet. Feindschaft aus der Zeit von 1941–1945, Feindschaft aus der Konkurrenz der Systeme, Feindschaft für alle Ewigkeit?

Für jede Reisegruppe ist es unabdingbar notwendig, sich über die eigenen Verständigungsbarrieren Rechenschaft abzulegen. Sonst wird man die Wirklichkeit in der Sowjetunion nicht offenen Auges und ohne Scheuklappen sehen, sondern nur das bestätigt finden, was man an bewußten und unbewußten Vorurteilen mitbringt. Welche Barrieren sind das?

Verständigungsbarriere 1: Das »Unternehmen Barbarossa«
Aus westdeutscher Sicht ist der Krieg gegen die Sowjetunion in Erinnerung geblieben als der Kampf gegen die vorrückende Rote Armee nach 1942, als die leidvollen Erfahrungen von Millionen Vertriebener aus dem Osten und als die Erlebnisse deutscher Kriegsgefangener in der Sowjetunion.

Aus sowjetischer Sicht ist der Große Vaterländische Krieg der Kampf gegen die faschistische Angriffsarmee, die versuchte, große Teile der sowjetischen Bevölkerung auszurotten und zu versklaven und das Land auszuplündern.

Ohne daß die eigene Sicht kritisch überprüft, Quellen zur Geschichte des Krieges durchgearbeitet und die wichtigsten Ergebnisse der Forschung zur Kenntnis genommen werden, wird man keine Basis für Gespräche mit sowjetischen Bürgern und Bürgerinnen finden. Man wird nicht mit ihren Augen sehen lernen und kein Verständnis für ihr Verhältnis zu ihrem Land, zu ihrer Geschichte und ihrer Armee entwickeln.

Verständigungsbarriere 2: Das Feindbild Sowjetunion
In der Zeit des kalten Krieges entstand das ›Feindbild Sowjetunion‹. Es besagte im Kern, daß die Sowjetunion eine totalitäre, menschenverachtende Diktatur sei, um keinen Deut besser als die nationalsozialistische, und daß dieser Staat die Weltrevolution mit allen Mitteln wolle.

Dieses Feindbild ist nahezu unausrottbar. Es hat viele Wurzeln bis weit in die Geschichte hinein. Und gewiß hat die Sowjetunion in den letzten 40 Jahren Anlaß geboten, dieses Bild bestätigt zu finden. Aber vor allem hat dieses Bild in der Nachkriegsgeschichte eine katastrophale Wirkung entfaltet. Es hat die ständige Aufrüstung gerechtfertigt, Ängste geschürt und Verständigung blockiert.

Informationen über die Sowjetunion sind jahrzehntelang gefiltert, verzerrt und einseitig gewichtet worden. Einer Informationsflut über militärische Fragen steht ein Defizit über die Lebenswirklichkeit der Menschen in der Sowjetunion gegenüber. Sowjetische Literatur fand nur als Literatur von Dissidenten, Emigranten und Regimegegnern Beachtung, die das Bild des riesigen »Archipel Gulag Sowjetunion« gefestigt haben.

Jede Gruppe wird gut daran tun, sich vor ihrer Reise ihre Informationslücken bewußtzumachen. Was wissen wir über das Bildungs- und Erziehungswesen, über die Wirtschaft und das Sozialsystem, über die Justiz und die Situation am Arbeitsplatz, über Lebens- und Wohnbedingungen, über die Rolle der Kollektive, die vielfältigen Formen des Christentums etc.?

Niemand wird alle Defizite in kurzer Zeit aufarbeiten können. Es ist aber möglich, einige besonders wichtige Themen so vorzubereiten, daß nicht nur die »Experten« Bescheid wissen, sondern alle Teilnehmer einer Gruppe ein sinnvolles Gespräch mit sowjetischen Bürgern führen können.

20 Millionen Russen sprechen Deutsch, aber nur 20000 Westdeutsche sprechen Russisch. Deutsche Literatur wird in der Sowjetunion hochgeschätzt und viel gelesen. Welche russischen Autoren kennen wir; welche Romane haben wir gelesen; welche Maler und Musiker helfen uns, das Land und seine Leute besser zu verstehen?

Verständigungsbarriere 3: Das ökonomische Gefälle

Der Lebensstandard, in dem die Mehrheit der westdeutschen Bevölkerung lebt, gehört zu den höchsten der Welt. Von einigen Sozial- und Bildungsleistungen abgesehen, ist der Lebensstandard in der Sowjetunion deutlich niedriger; dies trifft besonders für die Wohnqualität und die Versorgung mit Konsumartikeln des gehobenen Bedarfs zu.

Vielen Sowjetunion-Reisenden gelten die eigenen Konsummöglichkeiten als Maßstab: verständlich, daß an diesem Maßstab gemessen die Sowjetunion schlecht abschneidet. Was man in Italien als folkloristischen Reiz empfindet, wird in der Sowjetunion als eklatantes Versagen des sozialistischen Systems gewertet. Dabei bleibt oft nicht bedacht, worauf unser eigener Wohlstand beruht (etwa auf ungerechten Weltwirtschaftsbeziehungen); genausowenig ist im Blick, daß die Sowjetunion einen Rückstand von 200 Jahren gegenüber den westlichen Ländern aufzuholen hatte und dabei nach der Revolution und nach 1945 auf den Trümmern des weitgehend zerstörten Landes neu aufbauen mußte.

Vorschnelle Urteile helfen nicht zum Verständnis der Situation. Nur wenn man die entsprechende Literatur bearbeitet und sowjetische Fachleute befragt, lernt man die Notwendigkeit und Chancen der Perestroika verstehen.

Konkrete Tips für die Vorbereitung, Durchführung und Nachbereitung einer Begegnungsreise

Die Planung einer Begegnungsreise beginnt mit der Zusammenstellung der Reisegruppe: Wie groß sollte die Gruppe sein, wie sollte sie sich zusammensetzen, welche Berufe haben die Teilnehmer/innen, welches sind die besonderen Fähigkeiten und thematischen Interessen, welche Altersgruppen sind vertreten, wie viele Männer, wie viele Frauen? Eine Gruppengröße zwischen 20 und 30 Teilnehmern hat sich vielfach als optimal erwiesen.

Für die gemeinsame Vorbereitung sollte man sich viel Zeit nehmen. Zwei Wochenenden sind das Minimum an Vorbereitungszeit. Jedem Teilnehmer ist anzuraten, sich mindestens das kyrillische Alphabet anzueignen

Auch wenn sich die Teilnehmer schon kennen, ist es zunächst notwendig, sich Klarheit über die eigenen Motive, Interessen und Ziele zu verschaffen, die die Gruppe auf der Reise verfolgen will. Natürlich gelingt das am besten, wenn über das Interesse an der Sache hinaus auch persönliche Beziehungen untereinander bestehen und ein gutes Gruppenklima entsteht. Da das Programm während der Reise in der Regel sehr anstrengend ist, läßt es wenig Raum für die Bearbeitung von Konflikten, Rivalitäten und politischen Auseinandersetzungen. Deshalb müssen möglichst schon in der Vorbereitungszeit sinnvolle Formen des Umgangs miteinander entwickelt werden.

Ein Schwerpunkt der Reisevorbereitungen ist die Erarbeitung von ausgewählten Themen (z. B. in Referatform durch Teilnehmer, durch Expertenbefragungen, Reiseberichte o. ä.). Dabei sollten die historischen Aspekte der Beziehung zwischen Deutschland und der Sowjetunion (vor allem: der Vernichtungskrieg gegen die Sowjetunion) ebenso ausgiebig dargestellt werden wie die Gegenwartssituation in der Sowjetunion.

Schon frühzeitig sollte die Gruppe gemeinsam ein Programm für die Fahrt entwerfen. Für die Anreise ist die Bahn vorteilhaft, weil man sich langsam auf das neue Land einstellen kann und die ersten Eindrücke gemeinsam austauschen kann. In jedem Fall ist es sinnvoller, sich auf eine Stadt zu konzentrieren, als fünf Städte in acht Tagen zu bereisen. Als Grundsatz gilt: Vorsichtig mit den eigenen Kräften umgehen! Weniger Programmpunkte sind oft mehr! Im Programm sollten Lücken gelassen werden für Gespräche untereinander (übrigens nicht erst für die Zeit nach Mitternacht – die braucht man dringend zum Schlafen).

Die Zahl der reinen Besichtigungen sollte die Gruppe bei der Programmplanung geringhalten; Gespräche ermöglichen im Regelfall ein intensiveres Kennenlernen. Bei einigen Besuchen ist es Tradition, Gastgeschenke auszutauschen. Diese sollten vorher untereinander genau abgestimmt werden, damit sie nicht als Demonstration ökonomischer Potenz mißverstanden werden. Überhaupt kann die harte DM einzelne Teilnehmer, aber auch ganze Gruppen zum Kaufrausch verführen. Im Extremfall wird dann während der Reise nicht mehr über die Begegnungen gesprochen, sondern es werden überwiegend Tips für Schnäppchen ausgetauscht. Gleichwohl sollte es im Programm auch Freiräume geben, in denen jeder einzelne auf Entdeckungstour gehen kann.

Reisen in die Sowjetunion sind trotz aller Vorbereitungen Reisen in ein sehr fremdes Land, die mit vielen Unwägbarkeiten verbunden sind. Nicht alles wird so ablaufen, wie man es zu Hause am grünen Tisch gedacht hat. Deshalb empfiehlt es sich, einen erfahrenen Reisebegleiter mitzunehmen, der sich vor Ort auskennt, organisatorische Probleme lösen hilft und die Gruppe berät.

Begegnungsreisen enden nicht an der Grenze der Sowjetunion. Wer zum erstenmal eine solche Reise macht, wird erleben, daß er zu Hause mit Neugier erwartet wird. Erzählungen, Dia-Abende und Zeitungsartikel sind gefragt. Konflikte können sich einstellen. Um all dies gemeinsam auszuwerten und über weitere Schritte der Verständigung mit der Sowjetunion nachzudenken, sollte sich die Reisegruppe kurz nach dem Ende der Reise noch einmal treffen.

Literaturhinweise, Medien, Tips

Thema: Vernichtungsfeldzug – Dokumente

»Eine Schuld, die nicht erlischt«. Dokumente über deutsche Kriegsverbrechen in der Sowjetunion, Köln 1987; 19,80 DM.
N. Müller (Hg.): Deutsche Besatzungspolitik in der UdSSR, Köln 1982; 16,80 DM.
G. R. Ueberschär / W. Wette (Hg.): »Unternehmen Barbarossa«. Der deutsche Überfall auf die Sowjetunion 1941, Paderborn 1984; 58,– DM.

Thema: Vernichtungsfeldzug – literarische Spiegelungen

A. Adamowitsch: Stätten des Schweigens, Köln 1985; 22,80 DM.
H. Rosenberg: Jahre des Schreckens, Göttingen 1986; 14,80 DM.

Thema: Vernichtungsfeldzug – Diareihen

Bilder von Chatyn – In Gedenken der Opfer der Wehrmacht und SS in Belorußland. Hrsg. vom Internationalen Bildungs- und Begegnungswerk e. V., 4600 Dortmund 30, Hörder Neumarkt 3, 1988; 20 Bilder mit Texten, Dokumenten und Tonkassette; 78,– DM.
Das Leben der Alexandra Sacharowa, Partisanin in Belorußland. Hrsg. vom Internat. Bildungs- und Begegnungswerk, Dortmund 1988; 38 Bilder und Tonkassette; 98,– DM:

Thema: Versöhnung mit den Völkern der Sowjetunion

E. Raiser, H. Lenhard und B. Homeyer (Hg.): Brücken der Verständigung. Für ein neues Verhältnis zur Sowjetunion, Gütersloh 2. Aufl. 1988; GTB Siebenstern 579; 16,80 DM.
Arbeitsgemeinschaften Solidarische Kirche Westfalen und Lippe (Hg.): Versöhnung und Frieden mit den Völkern der Sowjetunion. Herausforderungen zur Umkehr. 8 Thesen, Gütersloh 1987; 5,– DM.
D. Goldschmidt (Hg.) in Zusammenarbeit mit *Sophinette Becker, Erhard Eppler, Wolfgang Huber, Horst Krautter, Hartmut Lenhard, Wolfgang Raupach, Klaus von*

Schubert und Wolfram Wette: Frieden mit der Sowjetunion – eine unerledigte Aufgabe, Gütersloh 1989; GTB Siebenstern 582; 24,80 DM.

Thema: Sowjetunion im Wandel

Mommsen / Schröder: Gorbatschows Revolution von oben, Frankfurt / Berlin 1987; 9,80 DM.
Ferenczi / Löhr: Aufbruch mit Gorbatschow, Frankfurt 1987; 10,80 DM.
P. Fedossow: Leben in der Sowjetunion, Heilbronn 1987; 14,80 DM.

Thema: Ost-West-Reisen

N. Ropers: Anders reisen – Osteuropa, Reinbek 1985; 19,80 DM.
N. Ropers: Tourismus zwischen Ost und West. Ein Beitrag zum Frieden?, Frankfurt 1986; 38,– DM.

Nachweise

S. 22: aus: Die Stimme des Menschen. Briefe und Aufzeichnungen aus der ganzen Welt 1939–1945, München 1961 (Piper), S. 93, 96–99.
S. 23 f.: aus: P. Fedossow: Leben in der Sowjetunion, Heilbronn 1987, S. 55.
S. 82: Klaus von Bismarck, in: das Baugerüst 2/88 (Abdruck mit freundlicher Genehmigung des Autors).